D0475074

BOIRE PRÉSENTE

# LE
# BON
# MIX

Édition : Émilie Mongrain
Design graphique : Chantelle Grady
Photos : Tania Lemieux
Correction : Ginette Choinière et Caroline Hugny

Catalogage avant publication de Bibliothèque et
Archives nationales du Québec et Bibliothèque et
Archives Canada

Lord, Pierre-Yves

  Le bon mix

  Comprend un index.

  ISBN  978-2-7619-4525-7

  1. Cocktails (Boissons).  I. Plante, Patrice, 1981-
II. Titre.

TX951.L67 2015     641.87'4     C2015-941975-1

DISTRIBUTEURS EXCLUSIFS:
Pour le Canada et les États-Unis:
MESSAGERIES ADP inc.*
2315, rue de la Province
Longueuil, Québec  J4G 1G4
Téléphone : 450-640-1237
Télécopieur: 450-674-6237
Internet: www.messageries-adp.com
* filiale du Groupe Sogides inc.,
  filiale de Québecor Média inc.
Pour la France et les autres pays:
INTERFORUM editis
Immeuble Paryseine, 3, allée de la Seine
94854 Ivry CEDEX
Téléphone : 33 (0) 1 49 59 11 56/91
Télécopieur: 33 (0) 1 49 59 11 33
Service commandes France Métropolitaine
Téléphone : 33 (0) 2 38 32 71 00
Télécopieur: 33 (0) 2 38 32 71 28
Internet: www.interforum.fr
Service commandes Export – DOM-TOM
Télécopieur: 33 (0) 2 38 32 78 86
Internet: www.interforum.fr
Courriel: cdes-export@interforum.fr
Pour la Suisse:
INTERFORUM editis SUISSE
Route André Piller 33A, 1762 Givisiez – Suisse
Téléphone : 41 (0) 26 460 80 60
Télécopieur: 41 (0) 26 460 80 68
Internet: www.interforumsuisse.ch
Courriel: office@interforumsuisse.ch
Distributeur: OLF S.A.
ZI. 3, Corminboeuf
Route André Piller 33A, 1762 Givisiez – Suisse
Commandes:
Téléphone : 41 (0) 26 467 53 33
Télécopieur: 41 (0) 26 467 54 66
Internet: www.olf.ch
Courriel: information@olf.ch
Pour la Belgique et le Luxembourg:
INTERFORUM BENELUX S.A.
Fond Jean-Pâques, 6
B-1348 Louvain-La-Neuve
Téléphone : 32 (0) 10 42 03 20
Télécopieur : 32 (0) 10 41 20 24
Internet: www.interforum.be
Courriel: info@interforum.be

Gouvernement du Québec – Programme de crédit
d'impôt pour l'édition de livres – Gestion SODEC –
www.sodec.gouv.qc.ca

L'Éditeur bénéficie du soutien de la Société de
développement des entreprises culturelles du
Québec pour son programme d'édition.

Conseil des Arts    Canada Council
du Canada           for the Arts

Nous remercions le Conseil des Arts du Canada de
l'aide accordée à notre programme de publication.

Nous reconnaissons l'aide financière du
gouvernement du Canada par l'entremise du Fonds
du livre du Canada pour nos activités d'édition.

10-15

Imprimé au Canada

Dépôt légal : 2015
Bibliothèque et Archives nationales du Québec
ISBN 978-2-7619-4525-7

BOIRE PRÉSENTE

# LE
# BON
# MIX

**PATRICE** ET **PIERRE-YVES**
*Plante* *Lord*

LES ÉDITIONS DE
L'HOMME

Une société de Québecor Média

# TABLE DES MATIÈRES

10 mai

2013

Nous ne le savions pas encore, mais c'est *ce soir-là* que tout a commencé. Quelques amis réunis dans le salon de Pierre-Yves. Patrice prépare des cocktails, nous raconte leur histoire. La musique est bonne, on jase, on rit, on échange, on savoure les préparations.

Nous sommes jeunes et fous et nous ne voyons pas le temps passer. La soirée nous appartient. Nous décidons de sortir les caméras pour filmer les étapes de préparation des cocktails. Pat explique, on apprend. Quelques jours plus tard, on visionne, on monte les images, on les enrobe de musique. Pourquoi ne pas mettre ça en ligne ? Nous ne devons pas être les seuls à aimer les cocktails. Et si nous appelions ça *Boire,* tout simplement ?

C'est ainsi que notre communauté d'amoureux des cocktails est née, sur le Web, à la suite d'une soirée entre amis. Depuis, *Boire* a fait du chemin : sur les médias sociaux, sur notre site Web, dans divers événements, et, récemment, à la télé, avec l'émission *LE BON MIX* sur TVA, une formidable aventure qui nous a permis de partager notre amour du cocktail, et ce, partout au Québec.

Voici donc, pour vous, les cocktails préparés pour nos artistes invités. Un recueil de recettes parsemé d'anecdotes de tournage, reflet d'un projet télé qui nous a permis de mélanger les personnalités, de mixer les spiritueux et d'amalgamer tout ça pour en arriver à une symphonie fluide de saveurs et d'humeurs. Des journées et des soirées magiques pendant lesquelles nous avons, chaque fois... trouvé le bon mix.

Pour ajouter au plaisir, nous avons glissé au fil des pages des portraits de mixologues qui ont gentiment accepté de partager avec nous la recette de leur cocktail signature. Parce que c'est aussi ça, *Boire* : une communauté de jeunes créateurs, de professionnels et d'amateurs de cocktails qui mettent à profit leur imagination pour créer des mélanges uniques !

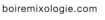

Pierre-Yves et Patrice

# LES OUTILS DU BAR

Dans tous les domaines, avoir le bon équipement peut faire toute la différence.
Bien que vous puissiez vous en sortir avec un pot Mason, un tamis à pâtisserie et
des cuillères à mesurer en plastique couleur arc-en-ciel, vous aurez tôt ou tard envie
de vous procurer les outils qui vous permettront d'être plus précis et plus théâtral.

### 1. SHAKER

Le shaker scellé sur un verre Boston, c'est
la façon la plus «wow» et la plus simple de
mélanger un cocktail et de s'assurer que tous
les ingrédients sont bien amalgamés. Combien
de secondes devez-vous mélanger? Tout
dépend de votre technique, de votre force et
de votre habitude. La règle de base : jusqu'à ce
que vos doigts ne supportent plus le froid !

### 2. PRESSE-AGRUMES

Il en existe une variété incommensurable !
L'important est de vous en procurer un avec
lequel vous êtes confortable, histoire de ne pas
vous briser les mains au cours de la soirée. Et
n'oubliez pas de tamiser vos jus d'agrumes
pour en retirer la pulpe avant de les utiliser dans
vos cocktails.

## 3. BEC VERSEUR

Le bec verseur vous évitera de répandre de l'alcool partout quand vous le verserez de la bouteille dans la mesure. Il n'est pas obligatoire, mais rend la préparation de vos cocktails plus « sexy ».

## 4. COUTEAU D'OFFICE

Votre couteau d'office servira principalement à couper des agrumes. Comme vous le savez, l'acide dévore les métaux, faisant rapidement perdre au couteau tout son « mordant ». L'entretien sera donc primordial. Lavez le couteau à l'eau chaude et essuyez-le immédiatement après chaque utilisation.

## 5. ÉCONOME

Cet outil que tout le monde a déjà dans sa cuisine est idéal pour prélever de beaux zestes parfaits et sans la peau blanche, très amère, des agrumes.

## 6. MESURE

C'est ce qu'il y a de plus simple pour mesurer la quantité de chaque liquide que vous mettrez dans vos cocktails. Les plus communes contiennent 1 oz (30 ml) ou 1 ½ oz (45 ml).

## 7. VERRE BOSTON

C'est le verre dans lequel vous montez votre cocktail. Commencez toujours par les jus, puis ajoutez l'alcool et terminez avec la glace.

## 8. PILON

Qu'il soit en bois ou en inox, le pilon est essentiel pour piler les ingrédients frais dont on veut extraire la saveur (gingembre, framboises, concombre). Veillez à ne jamais piler les fines herbes : vos cocktails deviendraient amers.

## 9. VERRE À MÉLANGE

Bien que vous puissiez utiliser le verre Boston pour mélanger, le design droit des verres à mélange permet de remuer la glace avec efficacité et style. Il possède aussi un bec verseur (pratique lors du transfert du mélange dans les verres). On l'utilise pour les cocktails composés principalement de spiritueux (Dry Martini, Manhattan, Negroni).

## 10. PASSOIRE

Elle vous permettra de retenir les morceaux de glace et autres résidus (pulpe de fruit, etc.) dans le shaker ou le verre à mélange lorsque vous verserez votre concoction magique dans le verre. Si les résidus sont trop fins, utilisez conjointement avec un tamis.

## 11. CUILLÈRE DE BAR

Longue et torsadée, elle permet de bien mélanger un cocktail sans briser la glace. Pour vous exercer, faites-la tourner naturellement dans le verre à mélange en la collant contre les bords. La technique viendra toute seule. Sinon... il reste YouTube.

## 12. TAMIS

Le tamis permet, mieux que la passoire, une filtration fine des résidus de votre shaker. Si, par exemple, vous avez pilé des ingrédients frais avant de mélanger, la passoire ne suffira pas à vous assurer un résultat 100 % limpide. Le tamis retient également les fins éclats de glace lorsque vous désirez réaliser des martinis irréprochables, comme le Cosmopolitan.

# LES TYPES DE VERRES

Bien qu'il en existe un nombre incalculable, seulement quatre verres nous semblent essentiels pour servir tous les types de cocktails imaginables.

---

### OLD-FASHIONED

Ce verre court aux bords droits est un incontournable. Raffiné, il accueille généralement des cocktails plus corsés, des digestifs ou des classiques composés presque entièrement de spiritueux.

### HIGHBALL

Parfois appelé « verre à Collins », le highball est haut, effilé et droit. On y sert les cocktails rafraîchissants de type « apéro », souvent allongés de jus ou de boissons pétillantes. Puisque le verre est étroit, il est recommandé de boire avec une paille afin de goûter à l'ensemble du cocktail à chaque gorgée, et non pas seulement à l'allongeur qui flotte sur le dessus.

### MARTINI

Le verre préféré de James Bond, des gentlemen et de la gent féminine en général. Les angles du verre à martini sont toujours droits. Si le contour est courbé, on parlera alors d'une coupe à champagne. Le verre à martini accueille toujours des cocktails qui ne sont pas sur glace, c'est pourquoi il est important de bien le refroidir avant d'y servir le cocktail.

### FLÛTE À CHAMPAGNE

Étroite, elle permet de conserver l'effervescence plus longtemps. Son proche parent, la coupe à champagne, est moins efficace pour conserver les bulles, mais sert souvent de remplacement plus raffiné au verre à martini standard.

# LES INGRÉDIENTS INDISPENSABLES

## GLACE

La glace est l'élément crucial d'un cocktail, sa composante la plus importante. Une légende urbaine veut qu'un bon cocktail contienne le moins de glace possible. Cela ne saurait être plus faux : plus votre verre contient de glace, plus il est froid, ce qui empêche la glace de fondre rapidement. Elle se diluera donc moins vite dans votre cocktail. Un Gin & Tonic qui ne contient que quelques petits morceaux de glace deviendra un Eau & Tonic en un temps record. Ça fait cher le verre d'eau !

Assurez-vous donc que vos cocktails servis sur glace débordent de glace et n'hésitez jamais à interpeller votre barman si, par exemple, votre Negroni débarque avec trois petits glaçons tristounets qui flottent au milieu du verre.

Il faut aussi tenir compte de la qualité et de la pureté de la glace. Bien sûr, il ne faut rien espérer de bon de celle qui traîne dans votre congélateur depuis l'achat de votre premier Nintendo ! N'utilisez jamais de glace qui est au congélateur depuis plus d'une semaine. L'eau attire les odeurs et ce serait navrant pour vous de mettre tant d'énergie dans un Dry Martini aux arômes de plastique et de saumon fumé. Achetez des sacs de glace Arctic Glacier plutôt que de faire votre glace dans le bon vieux moule blanc qui sent la toile de piscine. La glace Arctic Glacier est pure et très dure, ce qui vous permettra de refroidir vos cocktails correctement.

Et n'oubliez pas : la glace, ce n'est pas de l'onguent. Mettez-en beaucoup !

## AGRUMES

Pressez toujours fraîchement les agrumes et tamisez ensuite le jus pour en retirer la pulpe. Les jus de citron et de lime peuvent être pressés quelques heures à l'avance et seront même plus savoureux. Par contre, pressez au fur et à mesure les jus de pamplemousse et d'orange qui, contrairement aux jus de lime et de citron, perdent toutes leurs vitamines quelques minutes après avoir été pressés.

En moyenne, les agrumes pressés donnent :

Lime : 1 oz (30 ml) de jus

Citron : 1 ½ oz (45 ml) de jus

Orange : 2 oz (60 ml) de jus

Pamplemousse : 3 oz (90 ml) de jus

Conservez toujours les jus d'agrumes au réfrigérateur.

*L'acidité, un élément clé*

Bien doser l'acidité est la technique la plus importante à maîtriser en mixologie. Un cocktail ne devrait jamais être trop sucré, par contre il doit toujours être rafraîchissant. Si le goût de sucre est trop présent ou désagréable, ajoutez du jus de lime ou de citron pour rééquilibrer le tout.

# FINES HERBES FRAÎCHES

Nous avons tous, un jour ou l'autre, été témoins de cette situation banale : un barman met de la menthe, du sucre et des morceaux de lime au fond d'un verre et, empoignant un pilon en bois, se met à broyer les ingrédients avec acharnement, jusqu'à ce que la menthe devienne une pâte verte mélangée au sucre, au rhum et à la lime. Chacun se souvient de la réaction du buveur : une grimace d'incompréhension à cause du mauvais goût et de l'amertume de ce mélange qui aurait pourtant dû être la chose la plus rafraîchissante qui soit.

C'est que, voyez-vous, lorsque vous déchirez la fibre d'une plante, elle libère une huile amère, ce qui d'ailleurs explique l'amertume des liqueurs de plantes comme l'absinthe. Et pourtant, ce qu'on recherche quand on ajoute des fines herbes à des cocktails, ce sont leurs arômes.

C'est pourquoi, à partir d'aujourd'hui, vous allez arrêter de mener la vie dure à votre menthe et vous allez commencer à l'applaudir. En effet, une bonne tape au creux de votre paume libérera les arômes de l'herbe sans provoquer d'amertume désagréable. Gardez votre pilon pour les grosses « jobs de bras », comme piler le concombre et le gingembre, et tenez-le désormais loin, très loin de toutes vos délicates fines herbes.

Au fait, si vous ne voulez pas perdre vos herbes fraîches en 24 heures, transférez-les au réfrigérateur, dans un essuie-tout légèrement humidifié, pour prolonger leur vie.

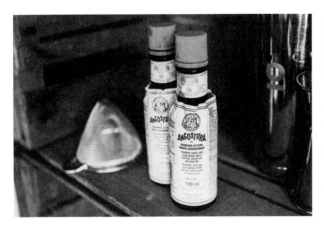

## AMERS

Les amers sont ces ingrédients qui concentrent l'amertume présente dans les plantes et le royaume végétal en général. Il peut s'agir, par exemple, d'une liqueur amère alcoolisée, comme le Campari et la Chartreuse verte.

La famille des amers rappelle également ces petites bouteilles de « concentré » d'amertume, comme la mythique Angostura, au capuchon jaune, que l'on trouve dans toutes les épiceries. De nos jours, il y a des milliers d'amers sur le marché. Ce sont les « épices » du monde du cocktail, qui donnent, à la manière des tanins du vin et du thé, une belle longueur en bouche à certains cocktails. Les amers procurent aussi de la profondeur aux cocktails et contribuent ainsi à atténuer la sensation de sucre. Ainsi, un amer aux cerises ajoutera un bon goût de cerise à un cocktail tout en l'équilibrant, puisque l'amertume agit comme touche finale pour balancer les saveurs.

L'Angostura, un amer aux épices qui rappellent le clou de girofle, est le plus utilisé dans le monde, et c'est un ingrédient incontournable pour réaliser les plus grands classiques. Pour expérimenter le rôle des amers dans vos cocktails, nous vous suggérons la famille des Fee Brothers, offerts dans les épiceries fines. Il existe un large éventail de parfums : cerise, pêche, céleri, canneberge, citron, cannelle, orange, rhubarbe, etc.

## SIROP SIMPLE

Le sirop simple est l'agent sucrant le plus utilisé dans les cocktails. Tout comme le sel, le sucre accentue les saveurs. Il permet aussi de créer l'équilibre avec les éléments acides comme le jus de citron ou le jus de lime.

Pour une texture optimale et une conservation plus longue, il est important de ne pas faire bouillir l'eau au moment d'y diluer le sucre. Un frémissement est amplement suffisant.

---

400 G (2 TASSES) DE SUCRE
500 ML (2 TASSES) D'EAU

Mettre le sucre et l'eau dans une casserole et porter à frémissement. Laisser mijoter jusqu'à ce que le sucre soit dissous. Embouteiller et laisser refroidir.

Le sirop se conservera 2 mois au réfrigérateur.

*Piler*

*Mélanger à la cuillère*

*Mélanger au shaker et à sec*

# LES TECHNIQUES DU BAR

Vous avez mesuré vos ingrédients au millilitre près. Vous avez mélangé au shaker,
tamisé, zesté, et pourtant le résultat n'est pas à la hauteur de vos rêves.
Avez-vous mélangé suffisamment longtemps ? Avez-vous filtré avec le bon outil
ou avec vos mains ? L'art du bar n'est pas sorcier, encore faut-il en connaître les bases.
Démythifions quelques techniques simples, et vous réussirez vos cocktails à tout coup !

---

## PILER

Piler est une technique qui consiste à extraire rapidement les saveurs d'un ingrédient. Par exemple, pilez des fraises dans du sirop simple et vous obtiendrez instantanément un sirop de fraises !

## MÉLANGER

### À la cuillère

Mélanger à la cuillère demande de l'entraînement, puisque ce mouvement doit être intégré progressivement par la mémoire musculaire. Un bon truc est de tourner la cuillère autour du verre à mélange vide pendant que vous écoutez la télé, sans vous soucier de votre technique. Votre corps comprendra lui-même comment faire et le mouvement deviendra naturel.

Un tour complet du verre à la cuillère est appelé une « révolution ». Si une recette prescrit 20 révolutions, vous devez faire 20 tours complets de verre.

### Au shaker

Doit-on mélanger au shaker ou à la cuillère ? Un vieil adage dit que si votre cocktail est principalement composé de spiritueux, vous devez le mélanger doucement, à la cuillère. Par contre, tous les cocktails contenant des jus, des fruits ou du blanc d'œuf doivent être mélangés au shaker afin de bien amalgamer les parfums en un tout homogène et d'y incorporer de l'air qui insufflera de la vie et de la texture aux cocktails.

Il n'existe pas de technique suprême pour mélanger au shaker ; l'important est de mélanger le plus vigoureusement possible. Et quand devez-vous arrêter ? Lorsque la surface en acier du shaker devient trop froide pour les doigts, le cocktail a atteint une température adéquate.

### À sec

Technique qui consiste à mélanger au shaker sans glace, afin d'émulsionner le blanc d'œuf contenu dans un cocktail.

Filtrer et tamiser

Zester

## FILTRER ET TAMISER

Puisqu'on boit aussi avec les yeux, il est primordial que le cocktail soit parfait visuellement. Le fait de filtrer le mélange contribuera à cette perfection. Filtrez à la passoire pour retenir la glace et les morceaux de fruits, ou utilisez le tamis fin pour filtrer toutes les petites impuretés et obtenir une boisson limpide.

## ZESTER

Il s'agit de prélever un morceau d'écorce d'agrume sur la longueur, ou un disque de la grosseur d'une pièce de 25 cents si l'on désire flamber (voir ci-dessous). Il faut ensuite presser le morceau d'écorce en le pliant entre les doigts, côté coloré vers le cocktail, pour extraire les huiles essentielles vers la surface du verre. Un fin jet parfumé se libérera et viendra instantanément couronner délicieusement le cocktail. Il suffit ensuite de déposer le morceau d'écorce dans votre cocktail en guise de garniture finale !

## FLAMBER UN ZESTE

Pour flamber un zeste, il suffit de prélever au couteau un disque de la grosseur d'une pièce de 25 cents, puis de le presser devant la flamme d'un briquet ou d'une allumette. Vous brûlerez ainsi les huiles essentielles qui jailliront et ajouterez une subtile amertume supplémentaire à leur arôme. Pour vous faciliter la tâche, tenez la flamme quelques secondes près du zeste prélevé, pour le réchauffer. Pressez-le ensuite entre les doigts, vers la flamme, en le tenant légèrement de biais par rapport au verre (et non pas directement au-dessus) afin d'éviter que des résidus carbonisés ne tombent dans le cocktail.

Flamber un zeste

# LES SPIRITUEUX

Dans un bon cocktail, le spiritueux tient la vedette. Un cocktail au gin, par exemple,
doit mettre en valeur les nuances du gin et des aromates qui le composent.
Si votre but est de masquer l'alcool dans le verre, nous vous demandons ceci,
chers amis mixologues en devenir : à quoi bon manger un steak qui ne goûte pas le steak ?

---

## BRANDY

Ce terme désigne ici tous les spiritueux distillés à partir de jus de fruits fermentés. Il peut s'agir de cognac, d'armagnac, de pisco ou de grappa (brandy de raisin), et même de calvados (pomme), ou tout simplement d'eaux-de-vie (poire, pêche, cerise).

## GIN

Le gin est obtenu à partir de la distillation d'un alcool neutre auquel on ajoute des baies de genièvre et souvent d'autres aromates, comme des écorces d'agrumes, de la cardamome, de la coriandre, de l'anis, etc.

Le gin est de plus en plus populaire, parce que les aromates qui le composent permettent aux ingrédients du cocktail de faire écho aux saveurs qu'il renferme. C'est un spiritueux très polyvalent.

**Dry gin:** Les aromates doivent obligatoirement avoir été ajoutés pendant la distillation. Il est aussi connu sous le nom de « London dry gin », bien qu'il ne soit pas forcément produit à Londres.

**Distilled:** L'ajout d'aromates et même de colorants est dans ce cas permis, après la distillation.

**Old Tom, Genever et Plymouth :** Ces appellations sont moins courantes, mais sachez qu'elles existent.

## RHUM

Issu de la fermentation de la mélasse de canne à sucre, puis distillé, le rhum a la particularité de s'agencer à n'importe quel ingrédient qui contient naturellement du sucre, particulièrement les jus de fruits.

Sa couleur varie selon son vieillissement en fût ou l'ajout de caramel.

**Rhum blanc :** Rhum habituellement vieilli, il est filtré au charbon pour le libérer de sa coloration avant l'embouteillage.

**Rhum brun ou ambré :** Rhum habituellement vieilli en fût ou coloré à l'aide d'un caramel.

**Rhum noir :** Rhum vieilli en fût, auquel on a ajouté de la mélasse.

**Rhum épicé :** Rhum blanc ou brun dans lequel ont macéré des épices telles que la vanille, la cannelle et l'anis.

**Rhum agricole :** Rhum d'appellation contrôlée issu du jus de sucre de canne frais et non de la mélasse. Il possède un goût plus raffiné et plus végétal.

# TEQUILA

La tequila est le « vin » du monde des spiritueux. C'est un produit fragile qui dépend beaucoup de la qualité de son ingrédient de base : l'agave bleu. Une grande tequila est le résultat d'un travail assidu et acharné : elle doit provenir des États mexicains de Jalisco, Guanajuato, Tamaulipas, Michoacán ou Nayarit, et être fabriquée avec des agaves bleus âgés de 8 à 12 ans. Le cœur de la plante *(piña)* est cuit, puis le jus extrait est laissé à fermenter avant d'être distillé.

**Mixto :** Faite de seulement 51 % d'agave et additionnée de sucres, cette catégorie comprend notamment la tequila Bang Bang. Personnellement, nous ne l'utilisons pas.

**Blanche 100 % agave *(plata, silver, blanco)* :** Non vieillie.

**Reposado :** Vieillie en fûts de chêne de 2 mois à 1 an.

**Añejo :** Vieillie en fûts de chêne de 600 litres maximum, de 1 à 3 ans.

**Extra añejo :** Nouvelle appellation datant de 2006, qui désigne une tequila vieillie dans de petits fûts de chêne pendant au moins 3 ans.

# VODKA

Le mot *vodka* signifie « petite eau » en russe. Elle est le résultat de la distillation de céréales fermentées, de pommes de terre, de légumes ou de sucre de fruits. C'est l'alcool le plus consommé dans le monde. Bien que la vodka ait la réputation d'être incolore, inodore et sans saveur, les variétés très pures, appelées « premium », présentent des arômes intéressants et une belle texture quand on les déguste nature.

# WHISKEY

C'est en fait la grande famille des alcools de céréales, ou, pour ainsi dire, une bière *flat* qu'on distille et laisse vieillir en fûts de chêne. Sa popularité gagne du terrain de jour en jour, même auprès de la gent féminine, grâce à sa complexité et aux notes vanillées transmises par le bois.

**Bourbon :** Whiskey américain fait d'au moins 51 % de maïs et vieilli en fûts de chêne neufs noircis à la fumée. Riche et enveloppant.

**Seigle (rye) :** Fait d'au moins 51 % de seigle et vieilli en fûts de chêne neufs. Épicé, acéré, et normalement plus doux que le bourbon.

**Whiskey du Tennessee :** Filtré à travers du charbon de bois d'érable avant vieillissement. Le plus fier représentant de cette catégorie est le fameux Jack Daniel's.

**Scotch et whiskey irlandais :** Le scotch est distillé en Écosse et le whiskey irlandais, en Irlande. Ils sont élaborés avec de l'orge maltée. Le goût fumé des scotchs provient de la tourbe locale qu'on brûle pour faire fumer les grains d'orge.

# Le bon équilibre

SALUT,
BONJOUR!

PASCALE 22

FRENCH 75

Avec
PASCALE PICARD
GINO CHOUINARD

# EN MUSIQUE

Du bon son (indie pop)

---

**1**
THE NAKED AND FAMOUS
Young Blood

**2**
ALT-J
Left Hand Free

**3**
ARCADE FIRE
The Suburbs

**4**
BOMBAY BICYCLE CLUB
Shuffle

**5**
BOY
Little Numbers

**6**
FOSTER THE PEOPLE
Don't Stop
(Color on the Walls)

**7**
FUNERAL SUITS
All Those Friendly People

**8**
MGMT
Electric Feel

**9**
PASSION PIT
Take a Walk

**10**
SAN CISCO
Wild Things

**11**
LANA DEL REY
Diet Mountain Dew

**12**
WILD BELLE
Take Me Away

**13**
METRONOMY
A Thing for Me

**14**
M83
Midnight City

**15**
PASCALE PICARD
Blame it on me

**16**
BRIGITTE BOISJOLI
Mes jambes à ton cou

**17**
LYKKE LI
I Follow Rivers

**18**
THE WHITE PANDA
Shooting Superstars

**19**
TWO DOOR CINEMA CLUB
What You Know

**20**
PHASES
I'm In Love With My Life

**21**
BØRNS
Electric Love

**22**
OLYMPIC AYRES
Take Flight

**23**
TEMPLES
Shelter Song

**24**
GROUPLOVE
Tongue Tied

**25**
EARLY HOURS
Dance along

**26**
THE BIRD & THE BEE
Will You Dance?

**27**
EMPIRE OF THE SUN
Alive

**28**
FINDLAY
Wolfback

**29**
WALK THE MOON
Tightrope

**30**
BOXED IN
Mystery

**31**
FAVORED NATIONS
Always

**32**
MATT & KIM
The Nightshift

**33**
YOUNG EMPIRES
White Doves

**34**
MIIKE SNOW
Animal

**35**
THE TING TINGS
That's Not My Name

**36**
GALAXIE
Piste 1

---

## BOIRE.MX

Recréez cette liste musicale à même votre bibliothèque ou visitez notre
site Web pour écouter une ambiance indie à son meilleur.

# SALUT, BONJOUR !

Premier tournage, première émission. La maison est remplie d'*amigos* et la fébrilité est palpable.
Nos premiers invités, Pascale et Gino, ont de la jasette ! On a donc jasé voyage, Caraïbes, vieux rhum...
Et on a jasé ti-punch, vedette des îles françaises et cocktail convivial par excellence. Pourquoi, convivial ?
Parce que pas besoin de préparation : on dispose les ingrédients sur la table et chacun prépare son
propre verre, à son goût. Voici donc la version de Patrice du ti-punch, inspirée de Gino. Santé !

---

TYPE DE VERRE : OLD-FASHIONED

¾ OZ (22 ML) DE RHUM BLANC
¾ OZ (22 ML) DE RHUM ÉPICÉ
½ OZ (15 ML) DE JUS DE FRUITS
DE LA PASSION, DE JUS DE FRAISE
OU DE JUS DE GOYAVE
¾ OZ (22 ML) DE JUS DE MANGUE
2 C. À THÉ (10 ML) DE SUCRE BLANC (OU BRUN)
2 QUARTIERS DE LIME
TRAIT DE SODA
FEUILLES D'ANANAS (POUR DÉCORER)
GLACE

Mettre le sucre au fond du verre.

Presser les quartiers de lime au-dessus du verre
et les déposer ensuite au fond.

Remuer à la cuillère de bar pour dissoudre le sucre.

Ajouter les rhums, les jus et quelques glaçons.

Remuer à la cuillère de bar en faisant 20 révolutions.

Ajouter un trait de soda.

Décorer de 3 feuilles d'ananas.

## PASCALE 22

Pas besoin de boire de l'alcool pour profiter des plaisirs du cocktail. C'est donc un « mocktail » (nom donné aux cocktails sans alcool) qu'on a préparé pour Pascale. Patrice s'est inspiré de la *verdita* mexicaine, un mélange d'ananas, de coriandre et de piments jalapeño, une préparation parfaite pour la personnalité pétillante de Pascale ! Lors du tournage, cette petite bombe d'énergie avait apporté sa guitare et, à la seconde où elle s'est mise à la gratter, le party a levé. Du beau gros fun !

TYPE DE VERRE : POT MASON

¾ OZ (22 ML) DE SIROP D'ÉRABLE
¾ OZ (22 ML) DE JUS DE PAMPLEMOUSSE ROSE
¾ OZ (22 ML) DE JUS DE LIME
1 ½ OZ (45 ML) DE JUS D'ORANGE
4 OZ (120 ML) D'EAU DE COCO
4 TRANCHES DE CONCOMBRE
3 CUBES D'ANANAS
3 FEUILLES DE MENTHE
8 FEUILLES DE CORIANDRE
POP-CORN (POUR DÉCORER)
GLACE

Mettre tous les ingrédients dans un mélangeur.

Ajouter de la glace et bien mélanger, jusqu'à consistance homogène.

Remplir le pot Mason de glace et y filtrer le mélange au tamis.

Décorer d'un grain de pop-corn piqué sur un pic à cocktail.

**Variante**
Pour une version alcoolisée, ajouter tout simplement 1 oz (30 ml) de tequila.

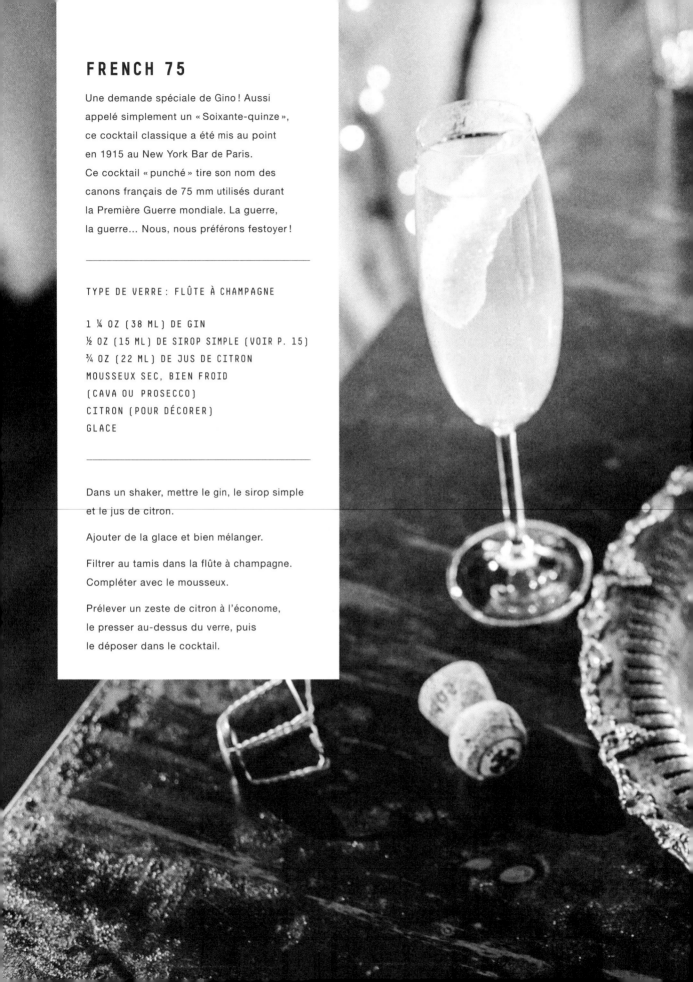

# FRENCH 75

Une demande spéciale de Gino ! Aussi
appelé simplement un « Soixante-quinze »,
ce cocktail classique a été mis au point
en 1915 au New York Bar de Paris.
Ce cocktail « punché » tire son nom des
canons français de 75 mm utilisés durant
la Première Guerre mondiale. La guerre,
la guerre… Nous, nous préférons festoyer !

---

TYPE DE VERRE : FLÛTE À CHAMPAGNE

1 ¼ OZ (38 ML) DE GIN
½ OZ (15 ML) DE SIROP SIMPLE (VOIR P. 15)
¾ OZ (22 ML) DE JUS DE CITRON
MOUSSEUX SEC, BIEN FROID
(CAVA OU PROSECCO)
CITRON (POUR DÉCORER)
GLACE

---

Dans un shaker, mettre le gin, le sirop simple
et le jus de citron.

Ajouter de la glace et bien mélanger.

Filtrer au tamis dans la flûte à champagne.
Compléter avec le mousseux.

Prélever un zeste de citron à l'économe,
le presser au-dessus du verre, puis
le déposer dans le cocktail.

Lui8ml

PINCÉE DE
FLEUR DE SEL

DE GIN

*Le bon
anniversaire*

PICKLE
MARTINI

MAI TAI MOTEL

Avec
TAMMY VERGE ET DUMAS

# EN MUSIQUE

La bonne *vibe* (hip-hop etc.)

---

**1**
KENDRICK LAMAR
King Kunta

**2**
THE NOTORIOUS B.I.G.
Juicy

**3**
DRAKE
Started From the Bottom

**4**
BEASTIE BOYS
Sure Shot

**5**
FUTURE
F*ck up Some Commas

**6**
IAM
La saga

**7**
MOS DEF
Ms. Fat Booty

**8**
M.I.A.
Bad Girls

**9**
MAJOR LAZER
Blaze Up the Fire

**10**
WYCLEF JEAN
Apocalypse

**11**
LA CONSTELLATION
Le 7e jour

**12**
OUTKAST
Hey Ya!

**13**
COOLIO
Gangsta's Paradise

**14**
LOST BOYZ
Renee

**15**
KID CUDI & MGMT
Pursuit of Happiness

**16**
NAS
I Know I Can

**17**
MC HAMMER
U Can't Touch This

**18**
2PAC
California Love

**19**
DR. DRE
Still D.R.E.

**20**
BIZ MARKIE
Just a Friend

**21**
LUPE FIASCO
The Show Goes On

**22**
JURASSIC 5
What's Golden

**23**
THE SUGARHILL GANG
Rapper's Delight

**24**
MAC MILLER
Best Day Ever

**25**
NAUGHTY BY NATURE
O.P.P.

**26**
HOUSE OF PAIN
Jump Around

**27**
KAYNE WEST & JAY Z
Ni**as in Paris

**28**
50 CENT
In Da Club

**29**
SNOOP DOGG &
DAT NIGGA DAZ
Gin & Juice

**30**
NELLY'S ECHO
Ride With Me

**31**
EMINEM
Lose Yourself

**32**
WIZ KHALIFA & SNOOP DOGG
Young, wild & Free

**33**
JAY Z
Izzo (H.O.V.A.)

**34**
AKHENATON & LA
FONKY FAMILY
Métèque et Mat

**35**
A$AP ROCKY
Everyday

**36**
FUGEES
Fu-Gee-La

---

BOIRE.MX

Recréez cette liste musicale à même votre bibliothèque ou visitez notre
site Web pour écouter l'ambiance parfaite pour créer une bonne *vibe*.

# PICKLE MARTINI

Pour son anniversaire, nous voulions faire plaisir à Tammy Verge, fan finie du chanteur Dumas.
Son expression, lorsqu'elle l'a vu apparaître dans le salon, valait tout l'or du monde !
Et il se trouve que nos deux invités vénèrent les cornichons. Pour eux, c'est le condiment-remède
suprême contre les lendemains de veille. Ils apprécient les pickles pour l'acidité et la touche
piquante qu'ils procurent à un cocktail. Alors, le Dirty Martini peut bien aller se rhabiller.
Nous sommes certains que vous adorerez ce martini « cornichonisé » !

TYPE DE VERRE : MARTINI

1 OZ (30 ML) DE GIN
½ OZ (15 ML) DE LIQUEUR D'ORANGE
¾ OZ (22 ML) DE JUS DE LIME
¼ OZ (8 ML) DE JUS DE PICKLE
(CORNICHONS À L'ANETH)
4 TRANCHES DE CONCOMBRE
PINCÉE DE FLEUR DE SEL
TRAIT DE SIROP SIMPLE, AU GOÛT
(VOIR P. 15)
GLACE

Remplir le verre de glace pour le refroidir.

Piler 3 tranches de concombre au fond du shaker.
Ajouter le reste des ingrédients.

Remplir le shaker de glace et bien mélanger.

Retirer la glace du verre à martini et y filtrer
le mélange au tamis.

Décorer d'une tranche de concombre.

# MAI TAI MOTEL

Ah ! Dumas et ses histoires ! Il nous a avoué sa fascination pour le motel Coconut de Trois-Rivières et son décor exotique en plastique, tout droit sorti du mouvement tiki qui a conquis les États-Unis à partir des années 1940. Le tiki, c'est la bouffe polynésienne et les cocktails au rhum et aux fruits dans un décor kitsch qui évoque le Sud et l'océan. On lui a donc servi un Mai Tai, le cocktail tiki par excellence. Dumas s'est mis à *jammer,* Tammy était bouche bée, on a étiré le plaisir et c'était bon en tiki !

TYPE DE VERRE : OLD-FASHIONED
(OU VOTRE VERRE KITSCH PRÉFÉRÉ)

1 ½ OZ (45 ML) DE RHUM BRUN
½ OZ (15 ML) D'AMARETTO
¾ OZ (22 ML) DE JUS DE LIME
1 OZ (30 ML) DE JUS D'ORANGE
3 CUBES D'ANANAS
BÂTON DE CANNELLE (POUR DÉCORER)
3 FEUILLES D'ANANAS (POUR DÉCORER)
1 BOUQUET DE MENTHE (POUR DÉCORER)
GLACE

Piler les cubes d'ananas au fond d'un shaker. Ajouter le reste des ingrédients.

Remplir le shaker de glace et bien mélanger.

Remplir le verre de glace et y filtrer le mélange au tamis.

Décorer de cannelle fraîchement râpée, de feuilles d'ananas et de menthe.

**Variante**

Pour ceux qui aiment les cocktails plus sucrés, ajoutez ¼ oz (8 ml) de sirop simple (voir p. 15).

45 ml

DE
TEQUILA AMBRÉE

3 TRAITS DE SAUCE
WORCESTERSHIRE

*Le bon muscle*

BLOODY BOWL

TEQUILA SOUR
AUX FRUITS

Avec

BRIGITTE BOISJOLI,
HUGO GIRARD ET
ÉTIENNE BOULAY

# BLOODY BOWL

Un gros verre pour des brutes comme nous !
L'arme redoutable des 5 à 7, le Bloody
Caesar, on l'aime gros, décadent et débordant
de tout ce qu'on ose mettre dedans !
Ce qui est bien, avec cette version créée
pour Étienne, c'est qu'elle est sans alcool.
Même après en avoir bu 238, on peut quand
même conduire la voiture.

---

TYPE DE VERRE : PINTE DE BIÈRE
(OU VERRE BOSTON)

5 OZ (150 ML) DE CLAMATO
½ OZ (15 ML) DE JUS DE LIME
2 C. À THÉ (10 ML) DE SAUCE BBQ
1 C. À THÉ (5 ML) DE MOUTARDE À L'ANCIENNE
1 C. À THÉ (5 ML) DE JUS DE BETTERAVE
(FACULTATIF)
4 TRAITS DE TABASCO
3 TRAITS DE SAUCE WORCESTERSHIRE
1 QUARTIER DE LIME (POUR DÉCORER)
ÉPICES À STEAK DE MONTRÉAL (POUR DÉCORER)
AILE DE POULET BBQ (POUR DÉCORER)
CHIPS SEL ET VINAIGRE (POUR DÉCORER)
GLACE

---

Étaler les épices à steak dans une petite assiette.

Humecter le rebord du verre avec le quartier de
lime et le poser à l'envers dans les épices à steak
pour former un contour d'épices uniforme.

Ajouter tous les ingrédients dans le verre.

Remplir de glace et mélanger à la cuillère
de bar (ou avec une paille) pour amalgamer
les ingrédients.

Décorer d'une aile de poulet BBQ et de
quelques chips sel et vinaigre.

# TEQUILA SOUR AUX FRUITS

Quelle soirée ! Le rire nucléaire de Brigitte, les danses d'Étienne et les histoires de chasse délirantes d'Hugo (a-t-il vraiment déjà tué un orignal à mains nues ?). Une soirée survoltée, arrosée de tequila, un spiritueux complexe qui provient de l'agave bleu, une plante mexicaine. La tequila ne devrait plus être associée à de mauvais souvenirs de soirées trop arrosées. Si c'est le cas, donnez-lui une seconde chance ! Achetez une bonne bouteille 100 % agave pour sa pureté et (ré) apprivoisez l'or bleu du Mexique !

---

TYPE DE VERRE : OLD-FASHIONED

1 ½ OZ (45 ML) DE TEQUILA BLANCHE
100 % AGAVE
¾ OZ (22 ML) DE JUS DE LIME
½ OZ (15 ML) DE NECTAR D'AGAVE
(OU DE SIROP SIMPLE, VOIR P. 15)
FRUITS AU CHOIX : 1 FRAISE ÉQUEUTÉE,
½ KIWI PELÉ OU 3 CUBES D'ANANAS
RONDELLE DE LIME (POUR DÉCORER)
GLACE

Piler les fruits au fond du shaker. Ajouter le reste des ingrédients.

Remplir le shaker de glace et bien mélanger.

Remplir le verre de glace et y filtrer le mélange au tamis.

Décorer d'une rondelle de lime.

**Variante**

N'hésitez pas à expérimenter diverses combinaisons de fruits. Allez-y avec des fraises seulement, ou un mélange de kiwis et d'ananas… À vous de jouer !

30 ml

RATION ZESTE
NGE FLAMBÉ

BÉ
TEQUILA

*Le Casabon mix*

MARGARITA
CITRON

OLD CHAMPAGNE
COCKTAIL

Avec

ANNE CASABONNE ET
JONAS

# MARGARITA CITRON

La *rock star* et l'actrice. Duo improbable, mélange explosif. En découvrant Anne Casabonne,
ce qui l'anime et la fait vibrer, on apprend qu'elle adore les Margaritas. La version de Patrice est
plus douce que la Margarita traditionnelle grâce au citron (dont l'acidité est moins agressive que celle
de la lime utilisée dans la version classique). On la lui sert *on the rocks,* c'est-à-dire sur glace.
Ou devrait-on plutôt dire *on the ROCK,* en souvenir du show de Jonas dans le salon ?

TYPE DE VERRE : OLD-FASHIONED

1 OZ (30 ML) DE TEQUILA BLANCHE
100 % AGAVE
¾ OZ (22 ML) DE LIQUEUR D'ORANGE
½ OZ (15 ML) DE JUS DE LIME
½ OZ (15 ML) DE JUS DE CITRON
¼ OZ (8 ML) DE NECTAR D'AGAVE (OU DE
SIROP SIMPLE. VOIR P. 15)
1 QUARTIER DE LIME (POUR DÉCORER)
FLEUR DE SEL (POUR DÉCORER)
RONDELLE DE CITRON (POUR DÉCORER)
GLACE

Étaler la fleur de sel dans une petite assiette.
Humecter le rebord du verre avec du jus de lime
et le poser à l'envers dans la fleur de sel pour
former une belle couronne uniforme.

Mettre tous les ingrédients dans un shaker avec
de la glace et bien mélanger.

Remplir le verre de glace et y filtrer le mélange
à la passoire.

Décorer d'une rondelle de citron.

## OLD CHAMPAGNE COCKTAIL

Pour Jonas, rien ne surpasse le style d'un bon Old-Fashioned au bourbon ou le raffinement d'un verre de bulles. Pourquoi ne pas unir les deux dans un seul cocktail ? Pas le temps de niaiser.

---

TYPE DE VERRE : FLÛTE À CHAMPAGNE

½ OZ (15 ML) DE BOURBON
½ OZ (15 ML) DE GRAND MARNIER
1 CUBE DE SUCRE
2 TRAITS D'AMER ANGOSTURA
MOUSSEUX SEC BIEN FROID
(CAVA OU PROSECCO)
ORANGE (POUR DÉCORER)

---

Imbiber complètement le cube de sucre avec l'amer et le déposer au fond de la flûte à champagne. Ajouter le Grand Marnier et le bourbon.

Compléter avec le mousseux.

Prélever un zeste d'orange à l'économe, le faire flamber (voir technique page 18), puis le déposer dans le verre.

3 E T

2 TRAITS DE TABASCO

DE
SCOTCH

*Le bon*
*accord*

JOHNNY MANGO

CAÏPISAKÉ

SAKE
BOMB

*Avec*

PHIL ROY, DOMINIQUE ARPIN, ET
ANTOINE GRATTON

# EN MUSIQUE

Le « Chill mix » (chansons pour s'étendre)

| | | | |
|---|---|---|---|
| **1**<br>SHWAYZE<br>Buzzin' | **10**<br>ALT-J<br>Every Other Freckle | **19**<br>VANCE JOY<br>Riptide | **28**<br>ANTOINE GRATTON<br>Let Go, Let Go |
| **2**<br>TWENTY ONE PILOTS<br>Ride | **11**<br>THE POSTAL SERVICE<br>Such Great Heights | **20**<br>IAN KELLY<br>Take Me Home | **29**<br>FRIDA AMUNDSEN<br>Closer |
| **3**<br>CAMERA OBSCURA<br>French Navy | **12**<br>MAJOR LAZER<br>Get Free | **21**<br>DUMAS<br>Une journée parfaite | **30**<br>FLORENCE K<br>You're Breaking my Heart |
| **4**<br>RODRIGUEZ<br>I Wonder | **13**<br>SHORTSTRAW<br>OMG | **22**<br>CAYUCAS<br>East Coast Girl | **31**<br>ALLE FARBEN<br>She Moves |
| **5**<br>CHILDISH GAMBINO<br>Sober | **14**<br>CHARLES WILLIAM<br>Where You Wanna Be | **23**<br>HUSKY<br>I'm Not Coming Back | **32**<br>ALEX NEVSKY<br>Fanny |
| **6**<br>PATRICE MICHAUD<br>Je cours après Marie | **15**<br>ANTHEM ACADEMY<br>Every Little Beat | **24**<br>GEORGE EZRA<br>Budapest | **33**<br>VACATIONER<br>The Wild Life |
| **7**<br>JOE COCKER<br>Feelin' Alright | **16**<br>IVY LEVAN<br>Hang Forever | **25**<br>BEN HOWARD<br>Keep Your Head Up | **34**<br>THE LOST FINGERS<br>Electric Avenue |
| **8**<br>LOWELL<br>The Bells | **17**<br>NAUGHTY BOY<br>La La La | **26**<br>ZELLA DAY<br>Jerome | **35**<br>BENJAMIN FRANCIS<br>LEFTWICH<br>Atlas Hands |
| **9**<br>EDWARD SHARPE & THE<br>MAGNETIC ZEROS<br>Home | **18**<br>OF MONSTERS AND MEN<br>Little Talks | **27**<br>THE LIGHTHOUSE<br>AND THE WHALER<br>White Days | **36**<br>ELLIE GOULDING<br>Take Me To Church |

BOIRE.MX

Recréez cette liste musicale à même votre bibliothèque ou visitez notre
site Web pour écouter l'ambiance parfaite pour *chiller*.

# JOHNNY MANGO

Un cocktail sur mesure pour plaire au côté
fruité de l'affriolant Phil Roy, tout en amenant
son côté mâle à apprendre à apprécier
le scotch et le cognac. L'équilibre est au
rendez-vous : le sucre de la mangue, le goût
de tourbe fumée du scotch, l'acidité du citron
et la touche piquante du Tabasco, ce qui
donne le goût de répéter l'expérience...
sur-le-champ !

TYPE DE VERRE : OLD-FASHIONED

¾ OZ (22 ML) DE SCOTCH
½ OZ (15 ML) DE COGNAC
1 OZ (30 ML) DE JUS DE MANGUE
¾ OZ (22 ML) DE SIROP SIMPLE (VOIR P. 15)
½ OZ (15 ML) DE JUS DE CITRON
2 TRAITS DE TABASCO
GLACE

Mettre tous les ingrédients dans un shaker.

Ajouter de la glace et bien mélanger.

Remplir le verre de glace et y filtrer le
mélange à la passoire.

# CAÏPISAKÉ

Avec trois tannants dans le sous-sol, les fous rires sont nombreux et bruyants.
Antoine brasse le vieux piano et ça donne un moment magique. En jasant, on se rend
compte qu'on est tous fascinés par le Japon. Il n'en fallait pas plus pour inspirer à Patrice
une recette à base de saké, influencée par la Caïpirinha brésilienne. Un cocktail simple à réaliser,
de la famille des *sours,* dans lequel les douces notes du saké sont rehaussées
par la lime pour créer un apéro extraordinaire.

---

TYPE DE VERRE : OLD-FASHIONED

1 ½ OZ (45 ML) DE SAKÉ
½ OZ (15 ML) DE SIROP SIMPLE (VOIR P. 15)
½ LIME COUPÉE EN QUARTIERS
GLACE

Piler la lime au fond d'un shaker.

Ajouter les autres ingrédients et de la glace,
et bien mélanger.

Verser dans le verre.

# SAKE BOMB

Voici un moyen archi-efficace pour susciter la fête dans une maison ! Popularisé dans les *izakaya* (pubs) japonais, le rituel consiste à déposer un shooter de saké sur deux baguettes en bois placées en équilibre sur une pinte de bière blonde japonaise. Ensuite, le serveur crie : « *Sake Ha ! Sake Ha ! Sake Ha ! Sake bomb !* » Au mot *bomb,* tous les convives frappent des mains sur la table pour faire tomber le shooter dans la pinte et trinquer ensemble. Un rituel bruyant et festif, parfait pour nos trois joyeux lurons !

---

TYPE DE VERRE : OLD-FASHIONED ET SHOOTER

¾ OZ (22 ML) DE SAKÉ
5 OZ (150 ML) DE BIÈRE BLONDE (SAPPORO)

---

Verser la bière dans le verre old-fashioned.

Remplir le shooter de saké.

Placer 2 baguettes sur le verre et y faire tenir le shooter de saké en équilibre.

Faire tomber le shooter dans la bière en frappant sur la table.

22m1

TONIC

TRANCHES DE
CONCOMBRE

*Le bon tempo*

MOJITO CLASSIQUE

MOJITO AVENUE

LE FAMEUX GIN-TONIC-
CONCOMBRE-PAS-DE-GIN

IRISH TRUCK BOMB

Avec
RÉMI-PIERRE PAQUIN ET
THE LOST FINGERS

# EN MUSIQUE

*On the rock* (musique qui arrache)

---

**1**
THE HIVES
Hate to Say I Told You So

**2**
BECK
E-Pro

**3**
THE SHINS
Simple Song

**4**
JONAS AND THE
MASSIVE ATTRACTION
Big Slice

**5**
BIG DATA
(FEAT. JOYWAVE)
Dangerous

**6**
CIVIL TWILIGHT
Fire Escape

**7**
KINGS OF LEON
Radioactive

**8**
LITTLE GREEN CARS
Big Red Dragon

**9**
ARKELLS
Ballad of Hugo Chavez

**10**
THE BEATLES
Yer Blues

**11**
THE BLACK KEYS
Fever

**12**
CAGE THE ELEPHANT
Ain't No Rest for
the Wicked

**13**
BLOODHOUND GANG
Foxtrot Uniform
Charlie Kilo

**14**
THE DANDY WARHOLS
We Used to Be Friends

**15**
TAME IMPALA
Solitude Is Bliss

**16**
HARD-FI
Unnecessary Trouble

**17**
THE DRUMS
Let's Go Surfing

**18**
FRANZ FERDINAND
Take Me Out

**19**
JET
Are You Gonna Be My Girl

**20**
LOUIS XIV
Finding Out True
Love Is Blind

**21**
METRIC
Youth Without Youth

**22**
SALTWATER SUN
Habit on My Mind

**23**
MODEST MOUSE
Float on

**24**
THE PLANET SMASHERS
Super Orgy Porno Party

**25**
ROCK 'N' ROLL SOLDIERS
Funny Little Feeling

**26**
THE ROLLING STONES
(I Can't Get No) Satisfaction

**27**
THE RAPTURE
Pieces of the People
We Love

**28**
SHOUT OUT LOUDS
Please Please Please

**29**
TROUBLE ANDREW
Chase Money

**30**
SILVERSUN PICKUPS
Lazy eye

**31**
YOUNG THE GIANT
My Body

**32**
THE JUNGLE GIANTS
She's a Riot

**33**
THE KOOKS
Bad Habit

**34**
LAST DINOSAURS
Apollo

**35**
ATLAS GENIUS
Trojans

**36**
ARCTIC MONKEYS
Do I Wanna Know?

---

BOIRE.MX

Recréez cette liste musicale à même votre bibliothèque ou visitez notre
site Web pour écouter l'ambiance parfaite qui arrache!

## MOJITO CLASSIQUE

On a tourné cet épisode à 7 h 30 du matin. C'est, comment dire...
un peu tôt pour le Mojito ! L'ami Rémi-Pierre aime ce cocktail, assurément le plus estival de tous,
mais, comme plusieurs, il ne connaît pas vraiment de recette et y va au *feeling*. Sacrilège !
Puisque Patrice possède un doctorat *honoris causa* en Mojito, il nous a révélé
tous les secrets pour en réussir un vrai, un bon.

---

TYPE DE VERRE : HIGHBALL

1 ½ OZ (45 ML) DE RHUM BLANC
½ OZ (15 ML) DE SIROP SIMPLE (VOIR P. 15)
¾ OZ (22 ML) DE JUS DE LIME
8 FEUILLES DE MENTHE FRAÎCHE
SODA
1 BOUQUET DE MENTHE FRAÎCHE
(POUR DÉCORER)
GLACE

Taper les feuilles de menthe dans la paume
de la main et les mettre dans le verre.

Ajouter le rhum blanc, le sirop simple et le jus de lime.

Remplir le verre de glace (ou de glace concassée)
et mélanger légèrement à la cuillère de bar.

Compléter avec le soda.

Décorer d'un bouquet de menthe fraîche et servir
avec une paille.

## MOJITO AVENUE

Lors de leur passage à l'émission, The Lost Fingers nous ont présenté en primeur leur interprétation d'*Electric Avenue,* populaire chanson des années 1980. Cela a inspiré à Patrice ce Mojito élaboré dans les règles de l'art, mais avec une *twist* bleuets-gingembre! Comme quoi, en mixologie comme en musique, il suffit de changer quelques ingrédients pour créer une variante mémorable d'un grand classique!

TYPE DE VERRE : HIGHBALL

1 ½ OZ (45 ML) DE RHUM BRUN
½ OZ (15 ML) DE SIROP SIMPLE (VOIR P. 15)
¾ OZ (22 ML) DE JUS DE LIME
8 FEUILLES DE MENTHE
2 TRAITS D'AMER ANGOSTURA
6 BLEUETS
SODA AU GINGEMBRE (IDÉALEMENT THE
GREAT JAMAICAN OLD TYME, EN VENTE
DANS LES ÉPICERIES FINES)
1 BOUQUET DE MENTHE FRAÎCHE
(POUR DÉCORER)
GLACE

Piler les bleuets au fond du verre.

Taper les feuilles de menthe dans la paume de la main et les mettre dans le verre. Ajouter le rhum, le sirop simple et le jus de lime.

Remplir le verre de glace (ou de glace concassée) et mélanger légèrement à la cuillère de bar.

Compléter avec le soda au gingembre.

Décorer d'un bouquet de menthe fraîche et servir avec une paille.

# LE FAMEUX GIN-TONIC-CONCOMBRE-PAS-DE-GIN

Le concombre est la nouvelle star du cocktail. Pourquoi a-t-il tant la cote ? À cause de sa fraîcheur et du fait qu'il ne contient pas de sucre, peut-être ? Quoi qu'il en soit, sa popularité grandit, et il est plaisant à croquer quand on le récupère, échoué au fond du verre parmi les glaçons et bien imbibé d'alcool. La plupart d'entre nous l'associent au gin, mais le concombre est aussi tellement bon avec la vodka. En voici la preuve !

TYPE DE VERRE : HIGHBALL

1 ¼ OZ (38 ML) DE VODKA AU CITRON
½ OZ (15 ML) DE JUS DE PAMPLEMOUSSE
2 FEUILLES DE BASILIC
3 TRANCHES DE CONCOMBRE
TONIC
FEUILLE DE BASILIC (POUR DÉCORER)
PAMPLEMOUSSE (POUR DÉCORER)
GLACE

Piler les tranches de concombre dans un shaker.

Taper les feuilles de basilic dans la paume de la main et les mettre dans le shaker. Ajouter la vodka, le jus de pamplemousse, de la glace, et bien mélanger.

Remplir le verre de glace et y filtrer le mélange au tamis.

Compléter avec le tonic.

Prélever un zeste de pamplemousse à l'économe, le presser au-dessus du verre, puis le déposer dans le cocktail. Décorer d'une feuille de basilic. Servir avec une paille.

# IRISH TRUCK BOMB

Vous ne le saviez peut-être pas, mais Rémi-Pierre Paquin possède un pub irlandais
sur Ontario Est à Montréal, *Le Trèfle*. En joueurs de tours que nous sommes, nous avons décidé
de transformer le fameux shooter Irish Car Bomb (fait de Guinness et de crème irlandaise)
en Irish Truck Bomb et d'obliger Rémi-Pierre à l'intégrer à sa carte. Maudit qu'on est méchants !

---

TYPE DE VERRE : OLD-FASHIONED

½ OZ (15 ML) DE WHISKEY IRLANDAIS
¼ OZ (8 ML) DE SIROP D'ÉRABLE
5 OZ (150 ML) DE BIÈRE CREAM ALE
(KILKENNY)

Verser la bière dans le verre.

Verser le whiskey et le sirop d'érable dans un
shooter, puis le laisser tomber dans le verre de bière.

# 45 ml

DE MOUSSEUX SEC ITALIEN

DE SODA

*Le bon trio*

SPRITZ

GENTLEMEN
MARTINI

TEQUILÀ SPLIT

Avec

PATRICE MICHAUD,
ÈVE-MARIE LORTIE ET
STÉPHANE FALLU

# SPRITZ

S'inventer des raisons pour ouvrir des bulles, quel beau loisir! Ève-Marie Lortie est la parfaite complice pour ce type d'activité. Et, pour célébrer son amour de l'Italie, nous lui proposons un apéro effervescent fait avec de l'Aperol et du prosecco. Et on se fait croire qu'on a l'accent italien en le disant.

Selon la rumeur, Ève-Marie serait devenue accro à ce cocktail et aurait maintenant besoin de sa dose hebdomadaire!

---

TYPE DE VERRE : COUPE À VIN ROUGE

1 ½ OZ (45 ML) D'APEROL
1 ½ OZ (45 ML) DE MOUSSEUX
SEC ITALIEN (PROSECCO)
¼ OZ (8 ML) DE JUS DE CITRON
¼ OZ (8 ML) DE SODA
RONDELLE D'ORANGE (POUR DÉCORER)
GLACE

---

Remplir le verre à moitié avec de la glace.

Ajouter, dans l'ordre, l'Aperol, le jus de citron, le mousseux, puis le soda.

Décorer d'une rondelle d'orange.

# GENTLEMEN MARTINI

Un Martini, ça se mélange à la cuillère ou au shaker ? Sur cette question, ne vous fiez surtout pas à James Bond : un vrai gentleman commande son Martini mélangé à la cuillère. Le résultat est beaucoup plus soyeux et moins dilué, parole de Stéphane Fallu qui a beaucoup aimé la touche fumée du scotch et le remplacement de la traditionnelle olive par le zeste d'orange.

---

TYPE DE VERRE : MARTINI

¼ OZ (8 ML) DE SCOTCH
2 OZ (60 ML) DE GIN
½ OZ (15 ML) DE VERMOUTH SEC
ORANGE (POUR DÉCORER)
GLACE

Remplir de glace un verre à martini et y verser le scotch pour parfumer le verre et le refroidir.

Mettre le gin et le vermouth dans un verre à mélange (ou un verre Boston). Remplir de glace et remuer à la cuillère de bar en faisant 40 révolutions.

Jeter la glace et le scotch du verre à martini et y filtrer le mélange à la passoire.

Prélever un zeste d'orange à l'économe, le presser au-dessus du verre, puis le déposer dans le cocktail.

# TEQUILA SPLIT

Les pitreries de Stéphane Fallu et les impros musicales délirantes de Patrice Michaud, auxquelles on ajoute les rires d'Ève-Marie, et vous comprendrez que plus rien ne pouvait nous arrêter ! Et si on se gâtait avec un banana split pour adultes ? Idéal pour ceux qui veulent découvrir à quel point la tequila se marie bien avec la crème glacée, le chocolat, le café et les desserts en général.

TYPE DE VERRE : TASSE À CAFÉ

1 OZ (30 ML) DE TEQUILA BLANCHE
100 % AGAVE
2 OZ (60 ML) DE CAFÉ CHAUD (ESPRESSO
OU FILTRE)
1 BOULE DE CRÈME GLACÉE AUX FRAISES
3 TRANCHES DE BANANE
CRÈME FOUETTÉE (POUR DÉCORER)
NECTAR D'AGAVE (FACULTATIF,
POUR DÉCORER)
GLACE

Piler les bananes dans une tasse à café.

Ajouter la tequila, la crème glacée,
puis le café chaud.

Remuer légèrement pour faire fondre
la crème glacée.

Décorer avec un peu de crème fouettée et
un filet de nectar d'agave.

15 mL

DE SIROP
D'HIBISCUS

3 mL

DE
WHISKY

*Le bon beat*

NEW YORK
SOUR

CHAMPÁN FRESCAS

NEGRONI
JAMAÏCAIN

Avec

# EN MUSIQUE

*Ya Mon* (reggae)

1
CHRONIXX
Here Comes Trouble

2
BARRINGTON LEVY
Too Experienced

3
THE SPECIALS
A Message to You Rudy

4
THE PROFESSIONALS
Whine & Grine

5
DESMOND DEKKER AND
THE ACES
Israelites

6
SKRILLEX & DAMIAN
« JUNIOR GONG » MARLEY
Make it Bun Dem

7
DAWN PENN
You Don't Love Me
(No, No, No)

8
APACHE INDIAN
Boom Shack-A-Lak

9
TOOTS & THE MAYTALS
Broadway Jungle

10
SLIM SMITH &
THE UNIQUES
Build My World Around
You

11
THE UPSETTERS
Return of Django

12
S.O.J.A. (SOLDIERS
OF JAH ARMY)
Rasta courage

13
ALBOROSIE
(FEAT. JR REID)
Respect

14
BOB MARLEY &
THE WAILERS
Could You Be Loved

15
ERNEST RANGLIN
Surfin'

16
LORD CREATOR
Kingston Town

17
JAH & I
What You Want

18
DAMIAN « JUNIOR
GONG » MARLEY
Road to Zion

19
JAH CURE
Wake Up

20
MUSCAL YOUTH
Pass the Dutchie

21
MR. VEGAS
Heads High

22
BUJU BANTON
Murderer

23
TARRUS RILEY
Getty Getty No Wantee

24
NAS & DAMIAN
« JR. GONG » MARLEY
As We Enter

25
PROTOJE (FEAT
KY-MANI MARLEY)
Rasta Love

26
RANKING DREAD
Fattie Boom Boom

27
JAH BOUKS
Angola

28
SNOOP LION
Smoke the Weed

29
DERRICK MORGAN
Train to Skaville

30
MAXI PRIEST
Wild world

31
INNER CIRCLE
Sweat (A La La
La La Long)

32
THE PIONEERS
Long Shot Kick
de Bucket

33
JOHN HOLT
(Living) For The
Love of You

34
BLACK UHURU
Party Next Door

35
LUTAN FYAH & LADY G
This Love

---

BOIRE.MX

Recréez cette liste musicale à même votre bibliothèque

ou visitez notre site Web pour écouter l'ambiance reggae par excellence.

# NEW YORK SOUR

Anne-Marie Cadieux a travaillé à New York lors de ses études.
Elle se rappelle l'odeur de whiskey et de bois du bar où elle officiait. On lui offre donc
la version Pat Plante du New York Sour, qui complexifie ses arômes à la rencontre du vin rouge !
Avec quel vin ? Un cabernet américain, pour rester dans la thématique !

TYPE DE VERRE : OLD-FASHIONED

2 OZ (60 ML) DE WHISKEY
¾ OZ (22 ML) DE SIROP SIMPLE (VOIR P. 15)
¾ OZ (22 ML) DE JUS DE CITRON
¼ OZ (8 ML) DE JUS D'ORANGE
½ OZ (15 ML) DE VIN ROUGE
RONDELLE D'ORANGE (POUR DÉCORER)
RAISINS ROUGES (POUR DÉCORER)
GLACE

Mettre le whiskey, le sirop simple et les jus dans un shaker avec de la glace et bien mélanger.

Remplir le verre de glace et y filtrer le mélange à la passoire.

Verser le vin délicatement pour qu'il demeure en surface.

Décorer d'une rondelle d'orange et d'une petite grappe de raisins rouges.

## CHAMPÁN FRESCAS

Les *aguas frescas* sont des boissons non alcoolisées très populaires au Mexique, en Amérique centrale et dans les Caraïbes. Elles contiennent un mélange d'eau, de sucre, de fleurs, de fruits et/ou de céréales. C'est frais et tellement meilleur que les boissons gazeuses ! Pour les beaux yeux de Marie-Soleil Dion qui adore les bulles, Patrice les a « pimpées » avec deux ingrédients prisés des Jamaïcains : le gingembre et l'hibiscus !

TYPE DE VERRE : FLÛTE À CHAMPAGNE

½ OZ (15 ML) DE SIROP D'HIBISCUS ET/OU DE SIROP DE GINGEMBRE
MOUSSEUX SEC BIEN FROID (PROSECCO OU CAVA ESPAGNOL)
FLEUR D'HIBISCUS MARINÉE DANS LE SIROP (EN VENTE DANS LES ÉPICERIES FINES ; POUR DÉCORER)

Remplir la flûte de mousseux.

Ajouter le sirop d'hibiscus (ou le mélange de sirops).

Décorer d'une fleur d'hibiscus marinée dans le sirop.

# NEGRONI JAMAÏCAIN

Quel mémorable après-midi! Nous avons
été charmés par la folie et la spontanéité de
nos deux magnifiques invitées, et le reggae
époustouflant du groupe Jah & I a transformé le
salon en piste de danse. Il n'en fallait pas plus à
Patrice pour réinventer le plus amer des cocktails
dans une version toute jamaïcaine. *Ya, mon!*

---

TYPE DE VERRE : OLD-FASHIONED

1 ½ OZ (45 ML) DE RHUM JAMAÏCAIN
¾ OZ (22 ML) DE CAMPARI
¾ OZ (22 ML) DE VERMOUTH ROUGE
2 TRAITS D'AMER ANGOSTURA
ORANGE (POUR DÉCORER)
GLACE

---

Remplir le verre de glace.

Ajouter tous les ingrédients et bien remuer avec
une cuillère de bar, en faisant 20 révolutions.

Prélever un zeste d'orange à l'économe,
le presser au-dessus du verre, puis le déposer
dans le cocktail.

**8 ml**
DE
LIQUEUR
D'ORANGE
FEUILLE DE
BASILIC

# Le bon duo

COSMOPOLITAN

SALAM ALIKOUM

LE COSMO
DES PARTYOLOGUES

Avec

JOSÉE BOUDREAULT ET
FLORENCE K

# COSMOPOLITAN

L'énergie brute de Josée, combinée à la finesse et au calme de Florence, a donné une splendide soirée ! Nous leur avons servi le fameux Cosmo. Créé à la fin des années 1980, ce cocktail mythique est maintenant l'un des plus connus au monde, grâce notamment à la télésérie *Sex and the City*. Cette version est savoureuse et beaucoup moins sucrée que le Martini au jus de canneberge concentré qui est souvent servi dans les bars.

TYPE DE VERRE : MARTINI

1 ¼ OZ (38 ML) DE VODKA AU CITRON
½ OZ (15 ML) DE LIQUEUR D'ORANGE
¼ OZ (8 ML) DE JUS DE LIME
1 OZ (30 ML) DE JUS DE CANNEBERGE
ORANGE (POUR DÉCORER)
GLACE

Remplir de glace le verre à martini pour le refroidir.

Mettre tous les ingrédients dans un shaker avec de la glace et bien mélanger.

Retirer la glace du verre à martini et y filtrer le mélange au tamis.

Prélever un zeste d'orange à l'économe, le flamber (voir technique p. 18), puis le déposer dans le cocktail.

# SALAM ALIKOUM

On adore écouter Florence K raconter ses voyages, ses racines. Elle a aussi le don d'évoquer des images sans utiliser la parole : quand ses doigts touchent le piano, la magie opère et l'histoire se raconte comme par enchantement. Voici une création inspirée par les origines de l'artiste, puisque le vermouth rouge et l'Angostura, très épicés, rappellent les arômes du Liban.

---

TYPE DE VERRE : OLD-FASHIONED

1 ½ OZ (45 ML) DE VERMOUTH ROUGE
½ OZ (15 ML) D'AMER ANGOSTURA
1 OZ (30 ML) DE SIROP SIMPLE (VOIR P. 15)
1 OZ (30 ML) DE JUS DE CITRON
GLACE

Mettre tous les ingrédients et de la glace dans un shaker, et bien mélanger.

Remplir le verre de glace et y filtrer le mélange à la passoire.

# LE COSMO DES PARTYOLOGUES

La festive Josée Boudreault a un très grand amour de la vie qui l'a d'ailleurs poussée à inventer une expression pour désigner ceux qui aiment s'amuser : les «partyologues». En êtes-vous un ? Oui, nous aussi, alors soyez les bienvenus dans le club ! Patrice propose donc une version jazzée du Cosmo, parfaite pour tous les partyologues. Et à servir à tous ceux que vous tentez de convertir à l'art de la fête.

---

TYPE DE VERRE : MARTINI

1 OZ (30 ML) DE VODKA AUX PÊCHES
¾ OZ (22 ML) DE GRAND MARNIER
¼ OZ (8 ML) DE JUS DE CITRON
1 ½ OZ (45 ML) DE BOISSON D'ALOÈS
(EN VENTE DANS LES GRANDES SURFACES)
FEUILLE DE BASILIC (POUR DÉCORER)
GLACE

---

Remplir le verre de glace pour le refroidir.

Mettre tous les ingrédients dans un shaker avec de la glace et bien mélanger.

Retirer la glace du verre à martini et y filtrer le mélange au tamis.

Décorer d'une feuille de basilic.

DE CRÈME DE CACAO

1 CUBE
DE SUCRE

*Le bon match*

BLACK FASHIONED

J'ARRÊTE PU « DEMAY »
LE CHOCOLAT

PALOMA AU MELON

Avec

ALEX NEVSKY, JÉRÉMY DEMAY ET
KEVIN BAZINET

# BLACK FASHIONED

À l'origine, un cocktail était le mélange d'un spiritueux, d'un amer, de sucre et d'eau. Avec le temps, le mot a fini par désigner tous les mélanges alcoolisés, ce qui a incité certains gentlemen à demander à leur *bartender : « A cocktail in the old fashioned way, please. »* Ainsi est né le Old Fashioned, mythique mélange de bourbon, de sucre et d'amer. En voici une version aux mûres et au scotch, qui plaira aux grands amateurs de cocktails plus classiques.

---

TYPE DE VERRE : OLD-FASHIONED

2 OZ (60 ML) DE SCOTCH
2 MÛRES FRAÎCHES
3 TRAITS D'AMER ANGOSTURA
1 CUBE DE SUCRE
ORANGE (POUR DÉCORER)
1 MÛRE FRAÎCHE (POUR DÉCORER)
GLACE

---

Déposer le cube de sucre dans un verre Boston ou un verre à mélange, puis l'imbiber d'amer Angostura.

Ajouter les mûres et piler jusqu'à l'obtention d'une pâte.

Ajouter le scotch, puis remplir le verre de glace.

Remuer à la cuillère de bar en faisant 40 révolutions.

Remplir le verre old-fashioned de glace et y filtrer le mélange au tamis.

Prélever un zeste d'orange à l'économe, le presser au-dessus du verre, puis le déposer dans le cocktail.

Décorer d'une mûre fraîche.

# J'ARRÊTE PU «DEMAY» LE CHOCOLAT

Jérémy Demay ne s'en cache pas : il adore le sucre. Il n'en a jamais assez.
Pour le satisfaire, nous nous sommes amusés à créer un martini-dessert à base de crème glacée,
ce qui donne un cocktail superbement velouté.

TYPE DE VERRE : MARTINI

1 OZ (30 ML) DE VODKA À LA FRAMBOISE
1 OZ (30 ML) DE CRÈME DE CACAO
3 C. À SOUPE (45 ML) DE CRÈME GLACÉE
À LA VANILLE
3 TRANCHES DE GINGEMBRE
COPEAUX DE CHOCOLAT NOIR (POUR DÉCORER)
GLACE

Remplir le verre de glace.

Dans un shaker, piler les tranches de gingembre.

Ajouter tous les ingrédients, puis de la glace,
et mélanger.

Retirer la glace du verre à martini et y filtrer
le mélange au tamis.

Décorer de copeaux de chocolat noir.

# PALOMA AU MELON

C'était la première fois qu'on tournait un épisode à l'extérieur, dans la cour arrière de Pierre-Yves. Magnifique journée, bien qu'il fût impossible de garder notre sérieux avec Jérémy Demay et Alex Nevsky, qui sont des invités turbulents, comme on les aime! On n'avait qu'un seul but : jouer dehors en se désaltérant d'un somptueux cocktail au melon, pamplemousse rose et tequila.

---

TYPE DE VERRE : HIGHBALL

1 OZ (30 ML) DE TEQUILA BLANCHE
100 % AGAVE
½ OZ (15 ML) DE JUS DE LIME
½ OZ (15 ML) DE SIROP SIMPLE (VOIR P. 15)
6 CUBES DE MELON D'EAU
3 ½ OZ (105 ML) DE SODA AU
PAMPLEMOUSSE ROSE
FLEUR DE SEL (POUR DÉCORER)
LIME (POUR DÉCORER)
GLACE

---

Placer les cubes de melon d'eau au congélateur pendant deux heures pour les faire durcir.

Étaler la fleur de sel dans une petite assiette. Humecter les rebords du verre avec un quartier de lime et le poser à l'envers dans la fleur de sel.

Remplir le verre de glace.

Ajouter 6 cubes de melon d'eau congelés.

Ajouter la tequila, le jus de lime, le sirop simple, et terminer avec le soda au pamplemousse rose.

Remuer légèrement à la cuillère de bar.

Décorer d'une rondelle de lime et servir avec une paille.

# 30 ml

BLANC D'ŒUF

# Les bons gars

HAMAC SOUR

LE JARDIN DANS UN
VERRE PIS TOUTE

PUNCH PAS TANT
ROSE FLUO

Avec

DAMIEN ROBITAILLE ET
P.-A. MÉTHOT

# HAMAC SOUR

Ce cocktail est un vrai *sour*, fondé sur l'équation : spiritueux + acide + sucre + blanc d'œuf = bonheur. L'émulsion du blanc d'œuf lui procure une texture soyeuse. Nous avons décidé d'en faire une version colombienne en l'honneur de Damien, un amoureux de la Colombie.

TYPE DE VERRE : OLD-FASHIONED

2 OZ (60 ML) DE RHUM BLANC
1 OZ (30 ML) DE JUS DE LIME
¾ OZ (22 ML) DE JUS D'ORANGE
½ OZ (15 ML) DE SIROP SIMPLE (VOIR P. 15)
1 BLANC D'ŒUF
RONDELLE DE LIME (POUR DÉCORER)
2 GOUTTES D'AMER ANGOSTURA (POUR DÉCORER)
GLACE

Remplir le verre de glace pour le refroidir.

Dans un shaker, mettre tous les ingrédients, en terminant avec le blanc d'œuf.

Mélanger d'abord vigoureusement les ingrédients à sec (sans ajouter de glace).

Ajouter ensuite de la glace et mélanger de nouveau.

Retirer la glace du verre old-fashioned et y filtrer le mélange au tamis.

Décorer d'une rondelle de lime et de deux gouttes d'amer Angostura.

# LE JARDIN DANS UN VERRE PIS TOUTE

Pour surprendre nos invités, Pat a créé un cocktail à base de légumes. Trop « grano » ? Pantoute ! On oublie souvent que la mixologie s'applique également aux cocktails sans alcool, les « mocktails », et qu'il suffit de respecter l'équilibre entre le sucré, l'amer et l'acide pour élaborer des mélanges surprenants, qu'ils soient à base de fruits ou de légumes !

TYPE DE VERRE : HIGHBALL

¾ OZ (22 ML) DE JUS DE BETTERAVE
1 ½ OZ (45 ML) DE JUS DE POMME
À L'ANCIENNE
1 OZ (30 ML) DE JUS D'ORANGE
½ OZ (15 ML) DE JUS DE LIME
½ OZ (15 ML) DE SIROP SIMPLE (VOIR P. 15)
3 TRANCHES DE CONCOMBRE
TONIC
1 BOUQUET DE MENTHE FRAÎCHE
(POUR DÉCORER)
GLACE

Dans un shaker, piler les tranches de concombre.

Ajouter les jus, le sirop simple, de la glace, et bien mélanger.

Remplir le verre de glace et y filtrer le mélange au tamis.

Compléter avec le tonic, décorer d'un bouquet de menthe fraîche et servir avec une paille.

# PUNCH PAS TANT ROSE FLUO

Le punch est l'ancêtre du cocktail. Aussi rassembleur qu'un feu de camp, on l'a tout de même boudé, parce qu'il était souvent trop sucré ou trop fort. Mais un punch peut être tout en finesse, et avoir un bel équilibre et de la fraîcheur. Pas besoin d'alcool pour faire lever la fête. Surtout quand les invités sont de la trempe de P.-A. et de Damien.

---

TYPE DE VERRE : VOTRE PRÉFÉRÉ

**POUR UNE GRANDE QUANTITÉ**
3 PARTS DE BOISSON D'ALOÈS
2 PARTS DE JUS DE PAMPLEMOUSSE ROSE
½ PART DE JUS DE CITRON
3 PARTS DE CRÈME SODA
QUELQUES GOUTTES DE COLORANT ROUGE (FACULTATIF)
TRANCHES DE CONCOMBRE (POUR DÉCORER)
GLACE

**POUR UNE PORTION**
1 ½ OZ (45 ML) DE BOISSON D'ALOÈS
(EN VENTE DANS LES GRANDES SURFACES)
1 OZ (30 ML) DE JUS DE PAMPLEMOUSSE ROSE
¼ OZ (8 ML) DE JUS DE CITRON
1 ½ OZ (45 ML) DE CRÈME SODA
2 GOUTTES DE COLORANT ROUGE (FACULTATIF)
TRANCHE DE CONCOMBRE (POUR DÉCORER)
GLACE

---

Dans un bol à punch (ou votre verre préféré), mettre la boisson d'aloès, le jus de pamplemousse rose, le jus de citron et de la glace.

Remuer à l'aide d'une cuillère (en bois pour le bol à punch ou de bar pour la portion individuelle).

Ajouter le crème soda.

(Pour que le punch devienne rose fluo, ajouter quelques gouttes de colorant alimentaire rouge.)

Décorer avec quelques tranches de concombre.

**Variante**
Ceux qui souhaitent en faire un cocktail alcoolisé ajouteront 1 oz (30 ml) de gin à la portion individuelle, ou 2 parts pour la grande quantité.

1 BÂTON
DE CANNELLE

60 ml

1 ТЕ

*Le bon goût*

SANGRIA ÉPICÉE

PIMM'S CUP

TARZAN
À LA PLAGE

Avec

ANNE-MARIE WITHENSHAW,
CLAUDE BÉGIN ET
KARIM OUELLET

# EN MUSIQUE

Bouge de là (plancher de danse)

**1**
MICHAEL JACKSON
P.Y.T (Pretty Young Thing)

**2**
C2C
Happy

**3**
PETER BJORN AND JOHN
Young Folks

**4**
PHARRELL WILLIAMS
Happy

**5**
THE WEEKND
Can't Feel My Face

**6**
ALOE BLACC
I Need a Dollar

**7**
GIN WIGMORE
Man Like That

**8**
PETER BJORN & JOHN
Nothing to Worry About

**9**
PHOENIX
1901

**10**
MGMT
Kids

**11**
DAMIEN ROBITAILLE
Omniprésent

**12**
ANITA WARD
Ring my bell

**13**
SEELENLUFT
Manila

**14**
MISTEUR VALAIRE ET KARIM OUELLET
L'amour est un monstre

**15**
THE RAPTURE
No Sex for Ben

**16**
DAFT PUNK
Get Lucky

**17**
EARTH, WIND & FIRE
September

**18**
BRUNO MARS
Treasure

**19**
BLOODHOUND GANG
The Bad Touch

**20**
MARK RONSON
Uptown Funk

**21**
KIWI TIME
If I Can

**22**
ROBIN THICKE
Blurred Lines

**23**
MAROON 5
Moves like Jagger

**24**
OK GO
I Won't Let You Down

**25**
KOOL & THE GANG
Get Down On It

**26**
MADNESS
Our house

**27**
CRAZY TOWN
Butterfly

**28**
SANTIGOLD
Disparate Youth

**29**
SWEET CALIFORNIA
Hey Mickey

**30**
JAMES BROWN
I Got You (I Feel Good)

**31**
CLAUDE BÉGIN
Avant de disparaître

**32**
BLONDIE
Heart of Glass

**33**
WALK THE MOON
Shut Up and Dance

**34**
HALL & OATES
You Make My Dreams

**35**
CAPITAL CITIES
Safe and Sound

**36**
MARK RONSON & THE BUSINESS INTL.
Bang Bang Bang

BOIRE.MX

Recréez cette liste musicale à même votre bibliothèque ou visitez notre site Web pour écouter cette liste de lecture qui vous fera bouger.

# SANGRIA ÉPICÉE

Quoi de mieux, pour célébrer la vie, qu'une bonne sangria entre amis ? Et, lors de ce tournage, d'amis, la cour était remplie ! Pour tout vous dire, Anne-Marie et Pierre-Yves se connaissent depuis 15 ans. La fête a duré longtemps. Bien après que les caméras se furent éteintes. C'est probablement aussi en partie grâce à cette sangria, moins fruitée que la version traditionnelle, aux arômes complexes et aux saveurs débordantes.

---

TYPE DE VERRE : OLD-FASHIONED
OU COUPE À VIN

½ OZ (15 ML) DE CAMPARI
2 OZ (60 ML) DE VIN ROUGE
1 TRANCHE D'ORANGE
1 ½ OZ (45 ML) DE JUS DE GRENADE
(OU JUS DE CANNEBERGE)
SODA AU GINGEMBRE
1 BÂTON DE CANNELLE (POUR DÉCORER)
1 ANIS ÉTOILÉ (POUR DÉCORER)
GLACE

---

Piler la tranche d'orange dans le fond du verre.

Ajouter de la glace et le reste des ingrédients.

Compléter avec le soda au gingembre.

Remuer délicatement à la cuillère de bar et décorer d'un bâton de cannelle et d'un anis étoilé.

# PIMM'S CUP

Le légendaire Pimm's Cup est le cocktail de prédilection en Grande-Bretagne.
Anne-Marie le sait bien, elle qui est issue d'une famille anglaise. Il se boit l'été et est rafraîchissant
à souhait grâce au Pimm's, une liqueur légèrement amère à base de gin et d'agrumes.
Même s'il est souvent préparé avec des fruits, notre invitée et nous le préférons
dans sa version la plus simple : avec concombre seulement.

TYPE DE VERRE : OLD-FASHIONED

1 OZ (30 ML) DE PIMM'S Nº 1
1 OZ (30 ML) DE LIMONADE
1 OZ (30 ML) DE SODA AU GINGEMBRE
1 BOUQUET DE MENTHE (POUR DÉCORER)
BÂTONNET DE CONCOMBRE (POUR DÉCORER)
GLACE

Remplir le verre de glace.

Ajouter le Pimm's Nº 1 et la limonade et remuer
à la cuillère de bar en faisant 15 révolutions.

Compléter avec le soda au gingembre.

Décorer d'un bouquet de menthe fraîche et
d'un bâtonnet de concombre.

# TARZAN À LA PLAGE

Ce cocktail a été créé en l'honneur de
Claude Bégin, le chanteur sympathique
et bourré de talent, auteur et interprète de
l'indicatif musical de notre émission.
Libérée du sucre trop envahissant des
cocktails exotiques servis dans les tout-
inclus, cette création vous donnera *subito
presto* le goût de voyager. C'est parti !

TYPE DE VERRE : OLD-FASHIONED

1 ½ OZ (45 ML) DE RHUM BRUN
2 OZ (60 ML) D'EAU DE COCO
¾ OZ (22 ML) DE JUS DE LIME
½ OZ (15 ML) DE SIROP SIMPLE (VOIR P. 15)
½ OZ (15 ML) DE LAIT DE COCO
CANNELLE MOULUE (POUR DÉCORER)
1 BÂTON DE CANNELLE (POUR DÉCORER)
PARAPLUIE EN PAPIER (FACULTATIF,
POUR DÉCORER)
GLACE

Concasser la glace au mélangeur ou,
pour un meilleur résultat, l'emprisonner dans
un linge à vaisselle et frapper sur le linge à
l'aide d'un rouleau à pâtisserie.

Remplir le verre de glace concassée.

Mettre tous les ingrédients dans un shaker
avec de la glace et mélanger.

Filtrer le mélange à la passoire dans le verre.

Saupoudrer de cannelle moulue et décorer
d'un bâton de cannelle et d'un parapluie
en papier.

# 500 ml

DE SIROP D'ÉRABLE

DE SORBET AU CITRON

# Le bon rythme

TESTÉ SUR
MÉLANIE

THÉ GLACÉ INFUSÉ
À FROID

CAFÉ GLACÉ INFUSÉ
À FROID

LE MODGEETO!

*Avec*

MÉLANIE MAYNARD ET
IAN KELLY

# TESTÉ SUR MÉLANIE

Voilà un mélange inattendu : le caractère végétal du Pimm's et la crème glacée citronnée.
Il s'agit d'un véritable prototype qu'on a testé sur la charmante et amusante Mélanie Maynard
et que toute l'équipe de tournage a adopté. Le Pimm's, magnifique liqueur anglaise au gin
et aux fruits, se marie à merveille à la crème glacée.

TYPE DE VERRE : OLD-FASHIONED

1 ½ OZ (45 ML) DE PIMM'S Nº 1
2 OZ (60 ML) DE SORBET AU CITRON
(OU DE GELATO)
½ OZ (15 ML) DE SIROP SIMPLE (VOIR P. 15)
½ OZ (15 ML) DE JUS DE CITRON
3 FRAMBOISES
3 FRAMBOISES (POUR DÉCORER)
1 BOUQUET DE MENTHE FRAÎCHE (POUR DÉCORER)
SUCRE GLACE (POUR DÉCORER)
GLACE

Piler 3 framboises dans un shaker.

Ajouter le reste des ingrédients avec de la glace et bien mélanger.

Remplir le verre de glace et y filtrer le mélange au tamis.

Décorer de menthe fraîche saupoudrée de sucre glace et de 3 framboises fraîches entières.

# THÉ GLACÉ
# INFUSÉ À FROID

La beauté des infusions à froid ! On évite ainsi l'amertume d'un thé chaud qu'on aurait laissé refroidir et, honnêtement, ça fait toute la différence. On peut y ajouter simplement un peu de sirop d'érable et du jus de lime ou de citron. Vivement un thé glacé santé qui surprendra vos invités !

---

TYPE DE VERRE : VOTRE PRÉFÉRÉ

2 C. À SOUPE (30 G) DE THÉ VERT
EN FEUILLES
2 TASSES (500 ML) D'EAU FROIDE
½ OZ (15 ML) DE SIROP D'ÉRABLE
½ OZ (15 ML) DE JUS DE LIME
RONDELLE DE LIME (POUR DÉCORER)
GLACE

---

Dans un contenant hermétique (comme un pot Mason), mettre les feuilles de thé et l'eau froide et bien mélanger.

Placer au réfrigérateur pendant 8 heures.

Filtrer le thé infusé au tamis.

Remplir un verre de glace. Y verser une portion de thé froid filtré et ajouter le sirop d'érable et le jus de lime.

Mélanger à la cuillère et décorer d'une rondelle de lime.

Conserver le reste du thé froid au réfrigérateur.

# CAFÉ GLACÉ
# INFUSÉ À FROID

Pour faire un véritable café glacé, ce n'est pas optimal de mettre votre café filtre au frigo et d'ajouter du sucre, parce que vous perdrez alors les saveurs et le sucre naturel du café. Préférez une infusion à froid, faite pendant la nuit, qui permettra au café non brûlé de vous donner tout ce qu'il a de meilleur.

TYPE DE VERRE : VOTRE PRÉFÉRÉ

¼ TASSE (60G) DE CAFÉ
MOUTURE FILTRE
2 TASSES (500 ML) D'EAU FROIDE
1 OZ (30 ML) DE CRÈME IRLANDAISE
(FACULTATIF)

Dans un contenant hermétique (comme un pot Mason), mettre le café et l'eau froide et bien mélanger.

Placer au réfrigérateur pendant 8 heures.

Filtrer le café infusé au tamis.

Remplir un verre de glace. Y verser une portion de café froid filtré (et ajouter la crème irlandaise pour une version alcoolisée). Remuer à la cuillère de bar.

Conserver le reste du café froid filtré au réfrigérateur.

# LE MODGEETO !

« Maudit qu'ils sont bons, icitte, les modgeetos ! » Vous avez assurément déjà entendu cette exclamation en vacances, non ? Nous avons décidé de baptiser ce cocktail ainsi, parce qu'il se fonde sur les mêmes bases que le Mojito classique, mais ne contient ni rhum ni lime. Et, en prime, ç'a fait rire Mélanie.

---

TYPE DE VERRE : HIGHBALL

¾ OZ (22 ML) DE GRAND MARNIER
½ OZ (15 ML) DE SIROP SIMPLE
(VOIR P. 15)
¾ OZ (22 ML) DE JUS DE CITRON
10 CUBES DE MANGUE
8 FEUILLES DE MENTHE
TONIC
1 BOUQUET DE MENTHE FRAÎCHE
(POUR DÉCORER)
GLACE

Piler les cubes de mangue dans le shaker.

Ajouter le Grand Marnier, le sirop simple, le jus de citron, la glace, et bien mélanger.

Taper les feuilles de menthe dans la paume de la main et les mettre au fond du verre.

Remplir le verre de glace et y filtrer le mélange au tamis.

Compléter avec le tonic.

Décorer d'un bouquet de menthe fraîche et servir avec une paille.

# 22

## m t

DE
THE MATCHA

DE CHAMPAGNE

# Les mixologues

BABYLON FLY BUS

HOT OR NOT

GLAM' ME MORE

PIMP CUP

DANDY

DEATH IN QUÉBEC

MATCHA COLLINS

LE LENDEMAIN

NEPTUNE NECTAR

## MARC ANDRÉ FILLION
## SHAKER CUISINE & MIXOLOGIE

Marc André apprivoisait le monde des cocktails à Québec à une époque où l'expression « sirop simple » était mystique. Il fait partie des premiers mixologues du Québec à avoir propagé sa contagieuse et inébranlable passion pour l'art des mélanges. Sa spécialité ? C'est simple : rien ne lui fait peur, alors, osez lui demander ce que vous voulez ! Chez Shaker Cuisine & Mixologie où il officie, Marc André est reconnu pour ses mélanges « flyés » et il est passé maître dans l'art du *comfort cocktail* : comme chez grand-maman, on sort les pots Mason et on mise sur des recettes accessibles et savoureuses.

2360, CHEMIN SAINTE-FOY, QUÉBEC | 418-650-7665 | SHAKERCUISINEETMIXOLOGIE.COM

## BABYLON FLY BUS

Lors de la finale régionale de Made With Love 2015, la compétition de mixologie la plus extravagante du Canada, ce cocktail a remporté le prix Choix du public. Il s'agit d'un cocktail aux origines tiki, qui fait aussi un clin d'œil à la culture reggae de la Jamaïque, idéal pour les chaudes journées sur la terrasse.

TYPE DE VERRE : POT MASON

1 ½ OZ (45 ML) DE RHUM BRUN
½ OZ (15 ML) DE CRÈME DE BANANE
½ OZ (15 ML) DE GALLIANO
2 OZ (60 ML) DE JUS D'ANANAS
½ OZ (15 ML) DE JUS DE CITRON
1 GOUTTE D'ESSENCE DE CHANVRE SYNTHÉTIQUE (FACULTATIF; OFFERTE DANS LES ÉPICERIES SPÉCIALISÉES)
BIÈRE DE GINGEMBRE
ANANAS (POUR DÉCORER)
1 BOUQUET DE MENTHE (POUR DÉCORER)
GLACE

Dans un pot Mason, mettre tous les ingrédients, sauf la bière de gingembre.

Ajouter de la glace et bien mélanger.

Ajouter la bière de gingembre.

Décorer d'un morceau d'ananas et d'un bouquet de menthe.

**Truc :** L'huile de chanvre synthétique ajoute un petit je-ne-sais-quoi très particulier au cocktail et masque complètement le sucre qu'il contient. Si vous ne pouvez pas vous en procurer, remplacez-la tout simplement par 1 oz (30 ml) de bière d'épinette.

# JEAN-RENÉ LEBEL ET PATRICK BEAULIEU
## L'ATELIER TARTARES & COCKTAILS

Fondé par le restaurateur Fabio Monti, l'Atelier Tartares & Cocktails est le premier bar à cocktails à Québec, où le duo sert des cocktails élaborés avec passion dans une ambiance festive inégalée qui fait la renommée des lieux depuis son ouverture. Le service y est impeccable, personnalisé et chaleureux. Cuisinier et sommelier de profession, Patrick ajoute une touche de créativité incomparable et une maîtrise rare à toutes ses créations. Jean-René, lui, tisse une toile de confort autour de ses clients, et son flair lui permet de s'ajuster à chacune de vos envies. Une chose est sûre, ces deux-là ont compris que le métier de *bartender* repose sur une idée simple : s'assurer que vous passiez LA soirée de votre vie.

624, GRANDE ALLÉE EST, QUÉBEC | 418-522-2225 | BISTROLATELIER.COM

# HOT

TYPE DE VERRE: TASSE À CAFÉ (OU À THÉ)

1 OZ (30 ML) DE TEQUILA BLANCHE 100% AGAVE
¼ OZ (8 ML) DE CRÈME DE CASSIS
(MONNA & FILLES)
¾ OZ (22 ML) DE SIROP DE CANNELLE*
¾ OZ (22 ML) DE JUS DE CITRON
1 SACHET DE THÉ À LA VERVEINE
(OU DE THÉ VERT)
1 ½ OZ (45 ML) D'EAU BOUILLANTE
BÂTON DE CANNELLE (POUR DÉCORER)

---

Dans une tasse, mélanger la tequila, la crème de cassis, le sirop de cannelle et le jus de citron avec une cuillère de bar en faisant quelques révolutions.

Ajouter l'eau bouillante et la poche de thé.

Décorer d'un bâton de cannelle et servir.

---

**\*SIROP DE CANNELLE**
2 BÂTONS DE CANNELLE
500 ML (2 TASSES) D'EAU
400 G (2 TASSES) DE SUCRE

Mettre les bâtons de cannelle dans un mortier et les concasser grossièrement à l'aide d'un pilon.

Dans une petite casserole, porter l'eau à ébullition.

Éteindre le feu, ajouter les morceaux de cannelle et laisser infuser environ 10 minutes.

# OR NOT

TYPE DE VERRE: OLD-FASHIONED

1 OZ (30 ML) DE TEQUILA BLANCHE 100% AGAVE
¼ OZ (8 ML) DE CRÈME DE CASSIS
MONNA & FILLES
½ OZ (15 ML) DE SIROP DE CANNELLE*
¾ OZ (22 ML) DE JUS DE CITRON
ZESTE D'ORANGE (POUR DÉCORER)
FEUILLES DE VERVEINE
(POUR DÉCORER; FACULTATIF)
GLACE

---

Dans un shaker, mettre tous les ingrédients.

Ajouter de la glace et bien mélanger.

Mettre de la glace dans le verre et y filtrer le mélange au tamis.

Prélever un zeste d'orange à l'économe, le presser au-dessus du verre et le déposer dans le cocktail.

Décorer de quelques feuilles de verveine.

Filtrer à la passoire pour retirer les morceaux de cannelle.

Ajouter le sucre et remuer jusqu'à sa dissolution complète.

Laisser tiédir avant d'embouteiller.

Le sirop se conservera jusqu'à 1 mois au réfrigérateur.

## NADER CHABAANE
## BISTRO LE SAM DU CHÂTEAU FRONTENAC

Catapulté de la France vers le Québec après avoir travaillé dans de grands hôtels à Abu Dhabi, celui qui est maintenant à la tête du bistro du Château Frontenac est tout de suite tombé amoureux de nos nectars locaux, comme le sirop d'érable et le cidre de glace. Originaire de Tunisie, Nader est un gars humble qui possède beaucoup de technique et de décorum, et qui crée des cocktails au raffinement exceptionnel. Cet ancien instructeur de plongée sous-marine a voyagé aux quatre coins du globe et continue de bourlinguer pour participer activement à l'évolution de la culture du cocktail. Le genre d'homme qui vous fera voir l'univers de la mixologie d'un œil différent !

1, RUE DES CARRIÈRES, QUÉBEC | 418-692-3861 | BISTROLESAM.COM

## GLAM' ME MORE

TYPE DE VERRE : COUPE DE VIN

2 OZ (60 ML) DE SCOTCH
2 OZ (60 ML) DE CALVADOS
2 OZ (60 ML) DE SIROP D'ÉRABLE
½ POIRE FRAÎCHE PELÉE,
COUPÉE EN PETITS DÉS
POIRE (POUR DÉCORER)

Mettre tous les ingrédients dans un verre
à mélange.

Remuer avec une cuillère de bar en faisant
20 révolutions.

Faire chauffer le mélange avec la buse d'une
machine espresso (ou dans une casserole).

Verser le mélange chaud dans la coupe de vin.

Décorer d'une tranche de poire ou d'une
demi-poire.

# SAMUEL TRUDEAU
# L'GROS LUXE

Samuel est une machine : rapide, logique comme l'inventeur de la calculatrice, gestionnaire et à ses affaires. À la seconde même où l'on prend place à son bar, on sait pertinemment qu'il sera impossible de s'enfuir avant les petites heures du matin, parce qu'on est hypnotisé par son humour et son inventivité. Au Gros Luxe, le décor est chaleureux et les cocktails maison, impressionnants. D'ailleurs, les Caesars généreusement garnis font la renommée de l'endroit. Quoi demander de plus pour profiter du gros luxe à petit prix ?

217, RUE SAINT-CHARLES OUEST, LONGUEUIL | 450-396-6817 | LGROSLUXE.COM

# PIMP CUP

Frais en bouche et facile à préparer, ce cocktail reste
un classique en toute saison pour les amateurs de gin-concombre.
Les arômes du thym se marient très bien avec ceux du citron,
mais c'est le soda au gingembre qui les fusionne pour créer ce goût surprenant.

---

TYPE DE VERRE : COUPE À VIN

1 ½ OZ (45 ML) DE GIN
2 OZ (60 ML) DE SIROP DE THYM ET CONCOMBRE*
1 OZ (30 ML) DE JUS DE CITRON
4 GOUTTES D'AMER JAMAICAN #1 BITTERCUBE
(OU D'AMER ANGOSTURA)
SODA AU GINGEMBRE
THYM (POUR DÉCORER)
CONCOMBRE (POUR DÉCORER)
GLACE

Mettre tous les ingrédients, sauf le soda au
gingembre, dans la coupe.

Ajouter de la glace et mélanger à la cuillère de
bar en faisant 10 révolutions.

Compléter avec le soda au gingembre.

Prélever un long ruban de concombre à
l'économe, le rouler et le déposer dans le verre.

Décorer d'une branche de thym et d'une
tranche de concombre.

---

*SIROP DE THYM ET CONCOMBRE
½ CONCOMBRE PELÉ
5 BRANCHES DE THYM
500 ML (2 TASSES) D'EAU
400 G (2 TASSES) DE SUCRE

Dans une petite casserole, faire chauffer l'eau
et le sucre jusqu'à dissolution complète.

Retirer du feu, ajouter les branches de thym
et laisser infuser environ 10 minutes.

Retirer les branches de thym.

Transvider dans le bol du mélangeur, ajouter
le concombre et mixer jusqu'à ce que le
mélange soit homogène.

Filtrer au tamis pour ne conserver que le liquide.

Embouteiller.

Le sirop se conservera 1 mois au réfrigérateur.

## CHRISTOPHE BEAUDOIN VALLIÈRES
## MAISON SOCIALE

Chef de bar et copropriétaire de la Maison Sociale, Christophe prend son métier au sérieux : sa passion transpire dans tout ce qu'il fait et c'est dans le *rush*, avec une marée de clients au bar, qu'il rayonne le plus. Grâce à des experts comme lui, Montréal s'est taillé une place de choix comme destination cocktails en Amérique. Si vous cherchez un endroit qui sait rendre la mixologie accessible, filez tout droit vers le Mile End et arrêtez-vous chez Christophe. C'est garanti, il vous fera vivre une expérience unique !

5386, BOULEVARD SAINT-LAURENT, MONTRÉAL | 514-439-3419 | LAMAISONSOCIALE.COM

# DANDY

Un cocktail musclé, mais très facile à boire, donc parfait pour apprendre à aimer le scotch. Un mélange de belles notes fumées, d'arômes de café, de bois et d'érable. Bien rond en bouche, un vrai délice !

---

TYPE DE VERRE : OLD-FASHIONED

½ OZ (15 ML) DE SCOTCH
¾ OZ (22 ML) DE BOURBON
¾ OZ (22 ML) DE SORTILÈGE PRESTIGE
(OU AUTRE LIQUEUR DE WHISKEY À L'ÉRABLE)
½ OZ (15 ML) DE SIROP DE CAFÉ*
3 TRAITS D'AMER ANGOSTURA
CERISES AU MARASQUIN (POUR DÉCORER)
ORANGE (POUR DÉCORER)
GLACE

---

Remplir de glace un verre à mélange.
Ajouter tous les ingrédients et mélanger
à la cuillère de bar en faisant 40 révolutions.

Remplir le verre old-fashioned de glace et
y filtrer le mélange à la passoire.

Prélever un zeste d'orange à l'économe,
le presser au-dessus du verre, puis le déposer
dans le cocktail.

Décorer de cerises au marasquin sur un pic.

---

**\*SIROP DE CAFÉ**
125 ML (½ TASSE) D'ESPRESSO
FRAÎCHEMENT PRÉPARÉ
100 G (½ TASSE) DE SUCRE

Mélanger les ingrédients jusqu'à dilution
complète du sucre, puis réfrigérer.

Le sirop se conservera 1 mois
au réfrigérateur.

# SIMON FAUCHER
# LES ROUXQUINERIES

Sommelier de formation, Simon Faucher, surnommé « Le Roux », a travaillé quelques années à Londres avant de venir offrir ses services au Québec. Minutieux et très expérimenté, il a une approche sensible du cocktail et joue avec les saveurs et les produits avec la même précision que s'il cherchait à allier les vins aux mets. Les Rouxquineries proposent un service de consultation en mixologie et de création de cartes de cocktails sur mesure. Le Roux pourra même insuffler le « oumf » qu'il manquait dans votre party de fête ou votre mariage. C'est pas magnifique, ça ?

FACEBOOK.COM/LESROUXQUINERIES

# DEATH IN QUÉBEC

Ce cocktail est inspiré du Death in Venice, servi au réputé bar
à cocktails 69 Colebrooke Row, à Londres, lui-même inspiré du Death
in the Afternoon créé par nul autre qu'Ernest Hemingway en 1935.

---

TYPE DE VERRE : FLÛTE À CHAMPAGNE

1 OZ (30 ML) DE GIN (UNGAVA)
½ OZ (15 ML) DE JUS DE CANNEBERGE NATUREL
⅓ OZ (10 ML) DE SIROP SIMPLE DE CERISE*
2 TRAITS D'AMER AUX CERISES FEE BROTHERS
(OFFERT DANS LES ÉPICERIES FINES)
4 OZ (120 ML) DE CHAMPAGNE
(OU AUTRE MOUSSEUX SEC)
1 CANNEBERGE FRAÎCHE (POUR DÉCORER)
JUS DE LIME (POUR DÉCORER)
SUCRE BLANC (OU SUCRE À LA BAIE DE
GENIÈVRE**, POUR DÉCORER)
GLACE

Dans un shaker, mettre tous les ingrédients,
sauf le champagne.

Ajouter de la glace et bien mélanger.

Filtrer au tamis dans la flûte et compléter avec
le champagne.

Décorer avec une canneberge trempée dans le
jus de lime, puis roulée dans le sucre (ou dans
le sucre à la baie de genièvre) et piquée sur
un pic à cocktail.

---

*SIROP SIMPLE DE CERISE
100 G (½ TASSE) DE SUCRE
125 ML (½ TASSE) D'EAU
40 G (¼ TASSE) DE CERISES,
DÉNOYAUTÉES ET PILÉES

Dans une petite casserole, porter l'eau
à ébullition.

Retirer du feu, ajouter le sucre et remuer
jusqu'à sa dissolution complète.

Laisser refroidir.

Ajouter les cerises pilées et laisser infuser
pendant 24 heures au réfrigérateur.

Filtrer le mélange au tamis et embouteiller.

Le sirop se conservera jusqu'à 1 mois
au réfrigérateur.

**SUCRE À LA BAIE DE GENIÈVRE
1 C. À THÉ (5 ML) DE BAIES DE GENIÈVRE
(OFFERTES DANS LES ÉPICERIES FINES)
50 G (¼ TASSE) DE SUCRE

Mettre les baies de genièvre dans un moulin
à épices et les moudre finement.

Dans un petit bol, mélanger les baies
moulues et le sucre.

Le sucre aromatisé se conservera 6 mois
dans un contenant hermétique.

# MANNY VIDES JR.
# MILE PUBLIC HOUSE

Dès qu'on entre au Mile Public House, on se sent chez soi. Le bois massif, les énormes pots Mason et le personnel accueillant contribuent à créer une énergie particulière. L'histoire d'amour de Manny avec les cocktails a commencé à l'époque où seuls les touristes murmuraient leurs noms dans les bars des grands hôtels du Québec. Ce gars-là comprend sa clientèle comme pas un, et le cocktail qu'il vous préparera sera toujours le meilleur, parce qu'il satisfera votre humeur du moment.

9190, BOULEVARD LEDUC, LOCAL 130, QUARTIER DIX30, BROSSARD | 450-926-1444
MILEPUBLICHOUSE.COM

# MATCHA COLLINS

TYPE DE VERRE : HIGHBALL

1 OZ (30 ML) DE GIN (BOMBAY)
½ OZ (15 ML) DE SAKÉ SEC
1 OZ (30 ML) DE JUS DE CITRON
1 OZ (30 ML) DE SIROP DE THÉ VERT MATCHA*
6 FEUILLES DE MENTHE
2 OZ (60 ML) DE JUS D'ALOÈS
(OFFERT DANS LA PLUPART DES ÉPICERIES)
SODA
1 BISCUIT DE FORTUNE (POUR DÉCORER)
BOUQUET DE MENTHE (POUR DÉCORER)
SUCRE GLACE (POUR DÉCORER)

---

Taper les feuilles de menthe dans la paume de la main et les mettre dans un verre à mélange (ou un verre Boston).

Ajouter tous les ingrédients, sauf le soda, et mélanger avec de la glace à la cuillère de bar (20 révolutions).

Remplir le verre highball de glace et y filtrer le mélange au tamis.

Compléter avec le soda.

Décorer d'un biscuit de fortune concassé et d'un bouquet de menthe saupoudré d'un peu de sucre glace.

> **\*SIROP DE THÉ VERT MATCHA**
> 250 ML (1 TASSE) D'EAU
> 200 G (1 TASSE) DE SUCRE
> 2 C. À THÉ DE THÉ VERT MATCHA
>
> Dans une petite casserole, porter l'eau à ébullition.
>
> Ajouter les feuilles de thé, puis retirer du feu et laisser infuser environ 10 minutes.
>
> Filtrer au tamis.
>
> Ajouter le sucre et mélanger jusqu'à dissolution complète.
>
> Réfrigérer.
>
> Le sirop se conservera 1 mois au réfrigérateur.

# JULIEN VÉZINA
## LE BUREAU DE POSTE

Le Bureau de Poste est inspiré d'un concept unique créé à Vancouver : un menu à 4,95 $ en tout temps, une cuisine ouverte jusqu'à 3 heures du matin, une ambiance festive et parfaite, que ce soit pour se faire servir des cocktails délicieux ou des shooters… sur un ski. Gérant de l'établissement, Julien est un bartender au sourire légendaire. Humble et généreux, il mise sur une simplicité désarmante dans l'exécution de ses cocktails. Avec lui, pas de poudre aux yeux. Dans le verre, on sent que c'est vrai et authentique. Sa spécialité ? Le Caesar. Il a d'ailleurs remporté la 1re place à la finale régionale du Best Caesar in Town en 2015.

296, RUE SAINT-JOSEPH EST, QUÉBEC | 418-914-6161 | LEBUREAUDEPOSTE.COM

# LE LENDEMAIN

Le Caesar a été inventé en 1969 à Calgary. Partout au Canada,
et surtout à Toronto, la culture qui l'entoure est très forte et bien développée.
C'est d'ailleurs un cocktail idéal à servir au brunch du dimanche matin.

TYPE DE VERRE : PINTE DE BIÈRE

**DÉCO DU VERRE**
ÉPICES À STEAK
POIVRE MOULU (OU POIVRE CITRONNÉ)
SEL DE CÉLERI
MÉLANGE D'ÉPICES CAJUN
1 OZ (30 ML) DE RHUM ÉPICÉ (CHIC CHOC)

**CAESAR**
CLAMATO
1 ½ OZ (45 ML) DE GIN (UNGAVA)
4 GOUTTES DE SAUCE PIQUANTE
¼ OZ (8 ML) DE SAUCE WORCESTERSHIRE
1 GOUTTE DE SAUCE BBQ LÉGÈREMENT FUMÉE
5 GOUTTES DE JUS DE CORNICHON
½ C. À THÉ DE RAIFORT
3 OZ (90 ML) DE PURÉE DE POIVRONS
JAUNES, DE COURGES ET DE TOMATES
JAUNES GRILLÉES (FACULTATIF)
ACRAS DE MORUE (POUR DÉCORER)
LIME (POUR DÉCORER)
CITRON (POUR DÉCORER)
GLACE

Mélanger les épices à steak, le poivre moulu,
le sel de céleri et les épices cajun ;
étaler le mélange dans une assiette.

Humecter le rebord du verre avec le rhum et le
poser à l'envers dans le mélange d'épices pour
former un contour uniforme.

Remplir de Clamato les ¾ du verre.

Ajouter tous les autres ingrédients, sauf la purée
de légumes, et mélanger à la cuillère de bar
en faisant 10 révolutions pour amalgamer
les ingrédients.

Déposer délicatement la purée de légumes
sur le cocktail de façon à la faire flotter.

Décorer avec les acras de morue et des
tranches de citron et de lime.

## CHARLES LACROIX
## CAFÉ-BAR ARTEFACT DE L'AUBERGE SAINT-ANTOINE

Charles baigne dans la restauration depuis l'âge de 16 ans. Sa passion et ses compétences lui ont permis de travailler dans plusieurs grands établissements et il a usé l'arrière du bar du Hard Rock Cafe à Las Vegas une bonne partie de sa vie. C'est simple, ce gars-là possède toutes les qualités que vous recherchez chez un *bartender* : drôle et sympathique, il accorde une importance quasi obsessionnelle à la présentation visuelle de ses cocktails. Directeur de bar au Café-Bar Artefact de l'Auberge Saint-Antoine, il y a créé plus d'une vingtaine de cocktails qui font que le mot « wow » devient vite… une habitude !

8, RUE SAINT-ANTOINE, QUÉBEC | 418-692-2211 | SAINT-ANTOINE.COM

## NEPTUNE NECTAR

TYPE DE VERRE : HIGHBALL

2 OZ (60 ML) DE GIN
1 OZ (30 ML) DE SIROP DE BLEUETS*
½ OZ (15 ML) D'EAU-DE-VIE D'ABRICOT
(FACULTATIF)
½ OZ (15 ML) DE NECTAR D'ABRICOT
¼ OZ (8 ML) DE VINAIGRE DE CIDRE DE POMME
¼ OZ (8 ML) DE MIEL
1 NOIX DE PACANE RÔTIE (FACULTATIF)
1 TRAIT D'AMER ANGOSTURA
MOUSSEUX SEC, BIEN FROID
CERISE DE TERRE (POUR DÉCORER)
BLEUETS (POUR DÉCORER)
GLACE

Dans un shaker, piler la noix de pacane rôtie,
puis ajouter tous les autres ingrédients sauf
le mousseux.

Ajouter de la glace et bien mélanger.

Filtrer le mélange à la passoire dans le verre.

Ajouter de la glace et compléter avec
le mousseux.

Décorer avec une cerise de terre et des
bleuets piqués sur un pic.

---

**\*SIROP DE BLEUETS**
250 ML (1 TASSE) D'EAU
200 G (1 TASSE) DE SUCRE
150 G (1 TASSE) DE BLEUETS FRAIS

Dans une petite casserole, mettre tous
les ingrédients et porter à ébullition.

Remuer jusqu'à ce que le sucre soit
entièrement dissous.

Laisser mijoter 5 minutes à feu moyen-doux.

Filtrer le mélange au tamis et réfrigérer.

Le sirop se conservera 1 mois
au réfrigérateur.

FÈVES MARINÉES
SIROP DE
THYM ET CONCOMBRE

# INDEX

Photo prise lors de la dernière journée de tournage. Un gros merci à toute l'équipe de production et gros *love* !

Caroline de la Ronde, Carlos et les autres absents, on vous aime aussi !

*LE BON MIX* selon *Boire*, une production de Saturne 5.

# REMERCIEMENTS

J'aimerais prendre le temps de lever mon verre aux bons mix. Vous savez, ceux qui se produisent alors qu'on ne s'attend à rien : ce regard qui t'a bouleversé en mathématique 436 ; cet inconnu qui t'a tendu la main ; ce professeur qui croyait en toi, au secondaire ; ces fous rires près du feu où l'on gratte la guitare avec des anciens et des nouveaux amis.

Bref, je lève mon verre à cette chimie, à cette magie, à ce « mix » qui opère entre les êtres humains.

C'est ça, *Boire*. C'est le plaisir de comprendre que l'acte de préparer des mélanges permet de créer non seulement des recettes, mais aussi des moments privilégiés avec ceux qu'on aime. *Boire*, c'est aussi un écosystème de gens merveilleux et passionnés, qui ont cru en nous et qui infusent chaque pore de ce livre de leur extraordinaire talent. Merci, vous êtes la plus belle gang du monde.

Merci d'y croire, vraiment. Oui, toi qui es en train de lire ces lignes. Tu ne le sais peut-être pas, mais c'est ta curiosité pour la mixologie qui permet à cet art de prendre forme au Québec, dans nos foyers, comme nulle part ailleurs au monde.

Merci à toi, mon cher complice Pierre-Yves, pour ton énergie de rassembleur, ton humour et ton insatiable curiosité qui sont devenus, au fil du temps, les fondations d'une belle amitié.

Et comment oublier la générosité des artistes qui sont venus partager nos drôleries ? Merci les amis.

Merci à mes neveux, William, Lucas, Malik et Milan. Dans votre naïveté, vous savez qu'un rêve qui se réalise, ce n'est pas un rêve en moins.

– Patrice

Merci de tenir ce livre dans tes mains. Nous t'aimons pour ça.

Donc, merci à toi. Merci à ceux et celles qui n'y croyaient pas : vous nous avez donné envie d'y croire encore plus fort.

Ce projet cocktail est né sur des divans de la rue Cartier, des banquettes de l'Atelier, et dans ma cuisine remplie d'amis réunis autour d'un bar-chef passionné.

*Boire* a fait du chemin et s'est rendu à la télé. Vous êtes nombreux à y avoir contribué et je sais que vous vous reconnaissez. Je vous aime pour ça. Merci pour votre talent et votre dévouement. Santé à toi, Caroline Singher-Boucher, notre marraine.

On crée des recettes et on collectionne les moments. À tous ceux qu'on croisera bientôt, j'espère, et à tous ceux qui vivront de beaux instants autour d'un cocktail proposé dans ce livre, je lève mon verre et fais quelques pas de danse. Merci d'exister et de faire vibrer la communauté *Boire*. Longue vie aux bons vivants et aux amoureux de la fête !

Tania Lemieux, merci ! Tu es la *plusse* meilleure photographe du monde !

Claire, Roseline et Chantelle, ce livre n'existerait pas sans votre talent...

Et vous, chers artistes invités, un énorme merci. Sans vos rires et votre folie, *LE BON MIX* aurait été plate en maudit !

– Pierre-Yves

Cet ouvrage a été achevé d'imprimer sur les presses de
Imprimerie Transcontinental, Beauceville, Canada